新能源汽车
结构 与 原理

XINNENGYUAN QICHE
JIEGOU YU YUANLI

瑞佩尔◎主编

化学工业出版社

·北京·

内容简介

本书结合汽车巨头如宝马、奔驰、大众、奥迪及我国新能源汽车比亚迪、北汽新能源、上汽荣威等品牌在新能源汽车上的技术成果，以全彩图解的形式，生动形象地诠释了新能源汽车的结构和运行原理。

全书分为九章，逐一介绍了新能源汽车基本知识、混合动力与纯电动汽车的基本结构与运行原理等。 第5~7章重点讲述了电池、电机与电控三大核心技术部件的类型、特性、结构与原理；第8章阐述了混合动力汽车中常用的变速器类型与纯电动汽车上常用的减速器的构造与功能；第9章描述了其他高压及电动化部件，如电动空调压缩机、电辅助加热器以及智能座舱与自动驾驶技术、车载总线网络及车身控制器。

本书提供配套演示动画与教学视频等资源，使之轻松易学，简洁易懂，可作为各汽车院校新能源汽车专业的辅助教材，也可供新能源汽车领域从业人员自学及广大新能源汽车车主阅读参考。

图书在版编目（CIP）数据

新能源汽车结构与原理 / 瑞佩尔主编. -- 北京：
化学工业出版社，2024. 10. -- ISBN 978-7-122-46053
-0

Ⅰ. U469.7

中国国家版本馆 CIP 数据核字第 2024FN1857 号

责任编辑：周　红　　　　　　　　　　文字编辑：郑云海
责任校对：李雨晴　　　　　　　　　　装帧设计：王晓宇

出版发行：化学工业出版社
　　　　　（北京市东城区青年湖南街13号　邮政编码100011）
印　　装：北京缤索印刷有限公司
787mm×1092mm　1/16　印张12　字数302千字
2025年1月北京第1版第1次印刷

购书咨询：010-64518888　　　　　　　售后服务：010-64518899
网　　址：http://www.cip.com.cn
凡购买本书，如有缺损质量问题，本社销售中心负责调换。

新能源汽车是指采用非常规的车用燃料作为动力来源（或使用常规的车用燃料，但采用新型车载动力装置），综合车辆的动力控制和驱动方面的先进技术，形成的技术原理先进、具有新技术和新结构的汽车。

新能源汽车具体包括以下几种形式：油电混合动力汽车（包括汽油混合动力系统和柴油混合动力系统两类）、压缩天然气（CNG）汽车和液化天然气（LNG）汽车（包括点燃式和压燃式两种）、煤驱动类型汽车［包括点燃式 M85 甲醇汽油机、M15 甲醇汽油机（部分新能源）、压燃式二甲醚（DME）发动机、煤制汽油和煤制柴油］、生物质能源驱动类型汽车［包括 E10 乙醇汽油车（部分新能源）、柴油车（部分新能源）两种］，以及来自煤、铀、水力、风力、太阳能发电充电的电动汽车系统。

上面提到的大多数类型新能源汽车在我国目前仍处于研发阶段，批量生产的较少。而压缩天然气和液化天然气汽车因其技术较简单，主要应用于重型货车和大型客车及少数出租车型。当下批量生产的新能源汽车主要有纯电动汽车（EV）、增程式电动汽车（REEV）和插电式混动（PHEV）汽车及不可外接充电的油电混合动力汽车（HEV）四种类型，其中油电混合动力汽车主要分为轻混汽车（MHEV）与全混汽车（FHEV）两大类。

电动汽车的核心技术是三电，即"电池、电机、电控"，而生产电池和电机所需要的两个关键性资源（锂和稀土）我国储量都十分丰富。电动汽车的主要动力电池大多为锂电池，而我国也是世界锂资源储量第三大国。电机目前普遍使用的是永磁同步电机，它需要利用稀土永磁材料来做电机的转子。而我国的稀土资源储量居世界首位，占了世界总储量的一半。目前稀土产品市场中，我国的产量占了世界市场的 90% 以上。因此，从资源上来说我国有发展电动汽车的天然优势。

可以说汽车的"新能源时代"已经全面来临，不论是汽车制造产业，还是服务行业，或是每一个汽车消费者，都不得不面对它，迎接它的到来。如此，对于新能源汽车的构造及其原理的基本了解就成了我们必须面对的课题。

本书结合汽车巨头如宝马、奔驰、大众、奥迪及我国新能源汽车新星比亚迪、北汽新能源、上汽荣威等品牌在新能源汽车上的技术成果，以全彩图解的形式，生动形象地诠释了新能源汽车种种形式以及运行原理，且以"电池、电机、电控"为独立章节重点介绍了电动汽车核心技术产品的结构及原理。

本书由瑞佩尔主编，此外参加编写的人员还有朱如盛、周金洪、刘滨、彭斌、章军旗、满亚林、彭启凤。在编写过程中，参考了大量国内外相关文献和网络信息资料，在此，谨向这些资料信息的原创者们表示由衷的感谢！

囿于编者水平，及成书匆促，书中疏漏在所难免，还请广大读者朋友及业内专家多多指正。

编者

目录
CONTENTS

第1章

新能源汽车概论

1.1 新能源汽车发展史

1.1.1 新能源汽车的演变

电驱型汽车始终是推动车辆发展的主要元素之一。电动汽车技术曾经在一段时间被忽略，因为当时油田的油气储量看似还很丰沛，但是随着人们意识到油气储量正日益衰竭，全球环境和气候保护被提上日程，于是新能源汽车的推广与应用就变得越来越重要。

有关新能源汽车的发展请参见图 1-1。

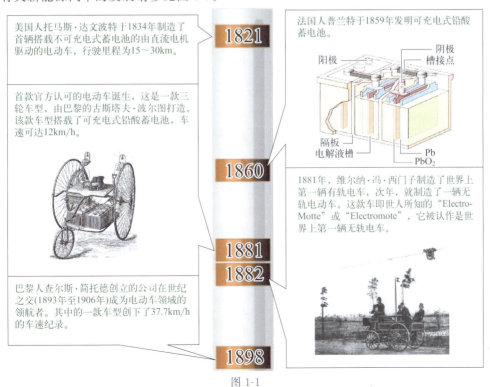

美国人托马斯·达文波特于1834年制造了首辆搭载不可充电式蓄电池的由直流电机驱动的电动车，行驶里程为15~30km。

首款官方认可的电动车诞生，这是一款三轮车型，由巴黎的古斯塔夫·波尔图打造。该款车型搭载了可充电式铅酸蓄电池，车速可达12km/h。

巴黎人查尔斯·简托德创立的公司在世纪之交(1893年至1906年)成为电动车领域的领航者。其中的一款车型创下了37.7km/h的车速纪录。

法国人普兰特于1859年发明可充电式铅酸蓄电池。

1881年，维尔纳·冯·西门子制造了世界上第一辆有轨电车，次年，就制造了一辆无轨电动车。这款车即世人所知的"Electro-Motte"或"Electromote"，它被认作是世界上第一辆无轨电车。

1821
1860
1881
1882
1898

图 1-1

瑞士行业领先的电动产业公司A.Tribelhorn开发了其首款装备电动机的车型。在大约20年的时间里，该公司主要生产电动商务用车。该公司也少量生产作为原型车的乘用车。

1900

1902

斐迪南·保时捷在巴黎博览会上展出了在前桥的两个车轮上安装有车轮电动机的车辆。

1913

首家加油站在美国匹兹堡投入运营。之后不久，几乎每个城镇都有了加油站。搭载发动机的车辆之所以脱颖而出，要得益于其优化的结构、低价的汽油以及更高行程发动机的开发。

查尔斯·亚历山大·艾斯科法瑞展出了可能是世界上的首辆太阳能车。这是一款1912年在加利福尼亚州注册的Baker Electric车型，其光伏板由10640个独立电池组成。

1960

美国发明了"月球车"用于登月。它的每个轮子都装有电动机。"月球车"采用银锌蓄电池驱动，行程可达约92km。

1969

第一次石油危机的爆发显示出工业国家对石油输出国的巨大依赖性。燃油价格由此飙升。

1973

瑞士举办了世界首场太阳能车大赛，即"Tour de Sol"。

1985

挪威"THINK"是首批被认作是纯电动车而非电动车改装车的车型之一。

针对太阳能车举办了首场"世界太阳能车挑战赛"。

1987

德国汽车制造商大众打造了VW Golf Citystromer车型，这是一款安装了电动机的改装版高尔夫。

1991

1992

1995年至2005年期间，标致雪铁龙制造了10000辆电动车。

1995

通用汽车在双座电动双门轿跑车"EV 1"(电动车1)上装载了500kg的铅酸蓄电池。之后的镍氢混合蓄电池进一步提升了车辆性能。

1996

特斯拉汽车公司独家打造的"Tesla Roadster"在美国上市，其内部排列连接有6187块圆柱体电池。从0加速到100km/h只需3.8s。

德国政府引入了"国家电动发展计划"(Nationalen Entwicklungsplan Elektromobilität, NEPE)。其目的在于激励研发，加强市场计划，以及在德国市场发布蓄电池驱动的车辆。

2008

2009

图 1-1　新能源汽车发展时光轴

1.1.2　新能源汽车的特点

电动汽车最突出的特点表现在动力系统使用电机而非发动机驱动。纯电动汽车完全由动力电池提供能源（电能）。插电混动及油电混动汽车则采用燃油（一般为汽油或柴油）加电池的双重能源（热能与电能），车辆行驶时视需要单独或叠加使用，燃油、EV、PHEV 车型结构特点简图如图 1-2 所示。与传统的燃油汽车对比，EV、PHEV 车型结构上显著的不同点在于，燃油汽车的发动机被替换为电驱装置（驱动电机＋电机控制器），燃油箱被替换为动力电池包，由于电机转速直接可控，所以之前结构复杂的变速器也得以简化，另外四驱型汽车的前后桥动力传递也无须由中间传动轴或分动器来完成，前后电驱装置可以实现单独控制。

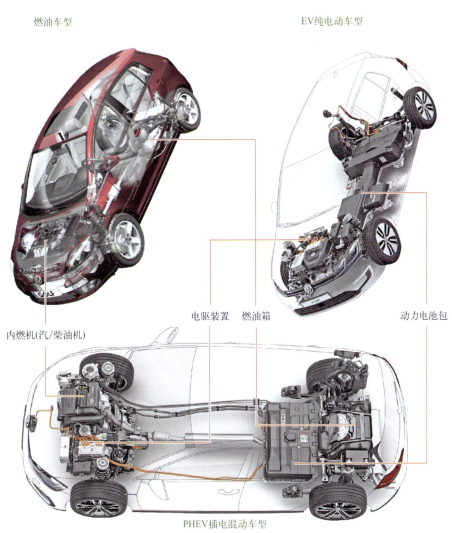

图 1-2　燃油、EV、PHEV 车型结构特点

1.2　新能源汽车的类型

1.2.1　新能源汽车与电动汽车的定义

依照中华人民共和国工业和信息化部 2009 年 6 月 17 日发布的《新能源汽车生产企业及产品准入管理规则》，新能源汽车是指采用非常规的车用燃料作为动力来源（或使用常规的

车用燃料、采用新型车载动力装置），综合车辆的动力控制和驱动方面的先进技术，形成的技术原理先进、具有新技术、新结构的汽车。

新能源汽车包括混合动力汽车、纯电动汽车（BEV，包括太阳能汽车）、燃料电池电动汽车（FCEV）、氢发动机汽车、其他新能源（如高效储能器、二甲醚）汽车等各类别产品。

电动汽车则指的是所有使用电能驱动的车辆。这包括蓄电池驱动车辆、混合动力车（完全混合动力车）和搭载燃料电池的车辆三种类型。

全部或部分由电机驱动、并配置大容量电能储存装置的汽车统称为电动汽车，简称 EV（Electric Vehicle），包括纯电动汽车 BEV（Battery Electric Vehicle）、混合动力电动汽车 HEV（Hybrid Electric Vehicle）和燃料电池电动汽车 FCEV（Fuel Cell Electric Vehicle）三种类型。常见新能源汽车类型及特点如图 1-3 所示。

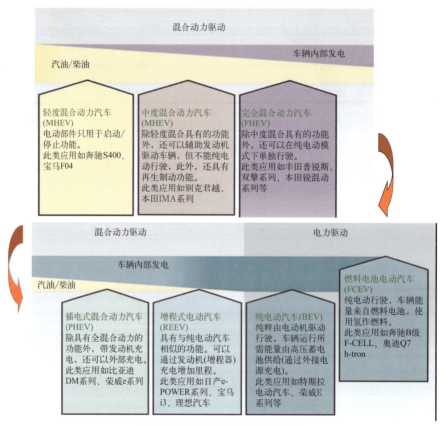

图 1-3　新能源汽车类型及特点

1.2.2　纯电动汽车

纯电动汽车是完全由可充电电池（如铅酸电池、镍镉电池、镍氢电池或锂离子电池）提供动力的汽车。例如图 1-4 所示的比亚迪海豚电动汽车就是纯电动汽车。

纯电动汽车的优点有：

——无污染、噪声小；

——结构简单，使用维修方便；

——能量转换效率高，同时可回收制动、下坡时的能量，提高能量的利用效率；

——可在夜间利用电网的廉价"谷电"进行充电，起到平抑电网的峰谷差的作用。

电驱电控总成

动力电池包

图 1-4　比亚迪海豚电动汽车

1.2.3　增程型电动汽车

增程型电动汽车以理想制造的电动汽车最为典型，如图 1-5 所示理想 ONE 车型搭载前后双电机四驱系统，双电机系统的最大输出功率为 240kW（326PS❶），峰值转矩为 530Nm，0～100km/h 加速时间 6.5s。最为特别的是它配备了一台 1.2T 三缸汽油机作为增程器，针对增程工况全新开发，它的电能不会直接驱动车轮，它的输出轴只有一个走向——发电机。

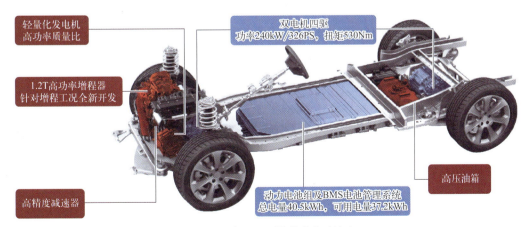

轻量化发电机
高功率质量比

双电机四驱
功率240kW/326PS，扭矩530Nm

1.2T高功率增程器
针对增程工况全新开发

高精度减速器

动力电池组及BMS电池管理系统
总电量40.5kWh，可用电量37.2kWh

高压油箱

图 1-5　理想 ONE 增程式电动汽车

---

❶　PS 表示米制马力，1PS＝75kgf·m/s＝735.49875W。

在汽车工程学上，这种结构称为"串联式混动结构"。而其配备的电池包容量高达40.5kWh（可用容量37.2kWh），增程器不介入的情况下纯电续航约为180km。

以宝马I3增程式电动汽车为例，各总成安装位置及部件结构形式如图1-6所示。

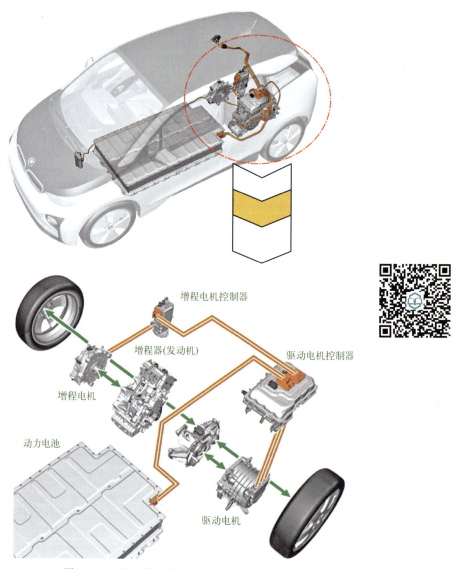

图1-6 宝马I3增程式电动汽车主要组成部件

1.2.4 插电式混合动力汽车

插电式混合动力汽车（Plug in Hybrid Electric Vehicle，简称PHEV），是特指通过插电进行充电的混合动力汽车。一般需要专用的供电桩进行供电，在电能充足时，采用电动机驱动车辆，电能不足时，使用发动机进行驱动或者发电给动力电池充电。

以大众混合动力驱动系统为例，图1-7为高尔夫6双驱PHEV插电式混合动力车型结构示意图。驱动系统主要由发动机、混合动力车辆传动桥总成、带转换器的逆变器总成和动力电池组成，采用混联式混合动力系统。载有两个电机，其中一个电机专门用作交流发电机或启动电机，另一个电机用作电动机和交流发电机。两个电机和发动机通过离合器相互连接。大众高尔夫 GTE（PHEV）车型部件分布如图 1-8 所示。

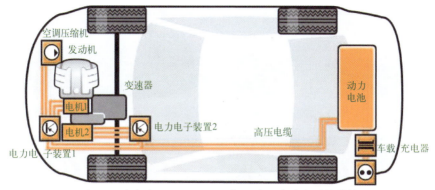

图 1-7 高尔夫 6 双驱 PHEV 插电式混合动力系统结构

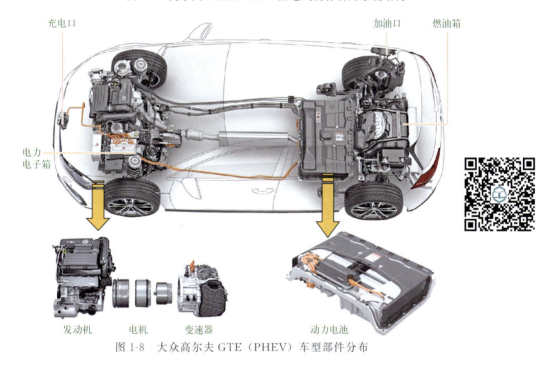

图 1-8 大众高尔夫 GTE（PHEV）车型部件分布

1.2.5 油电混合动力汽车

油电混合动力电动汽车是指使用电动机和传统燃油发动机联合驱动的汽车。

按动力耦合方式的不同可以分为串联式混合动力、并联式混合动力和混联式混合动力三种类型。

串联式混合动力汽车（SHEV）：车辆的驱动力只来源于电动机的混合动力（电动）汽车。结构特点是发动机带动发电机发电，电能通过电机控制器输送给电动机，由电动机驱动汽车行驶。另外，动力电池也可以单独向电动机提供电能驱动汽车行驶。

日产 e-POWER 车型即采用串联式混动系统。2023 款型轩逸混动搭载第二代 e-POWER 混动系统，如图 1-9 所示，车辆的驱动电机采用的是与日产 LEAF 同源的电动机，最大功率为 100kW，峰值转矩可达 300Nm。该动力系统完全由电机驱动，发动机仅作为发电专用的动力装置使用。日常行驶中，发动机只负责发电，不参与驱动。

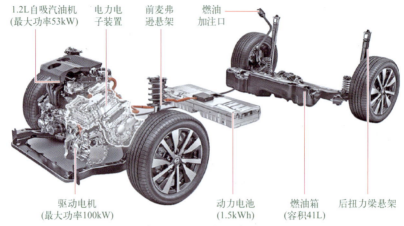

图 1-9 日产 e-POWER 轩逸串混及底盘特点

并联式混合动力汽车（PHEV）：车辆的驱动力由电动机及发动机同时或单独供给的混合动力（电动）汽车。结构特点是并联式驱动系统可以单独使用发动机或电动机作为动力源，也可以同时使用电动机和发动机作为动力源驱动汽车行驶。

这种结构形式的应用多以中度混合动力车型为主。如图 1-10 所示为奔驰 S400H 混动系统车型。

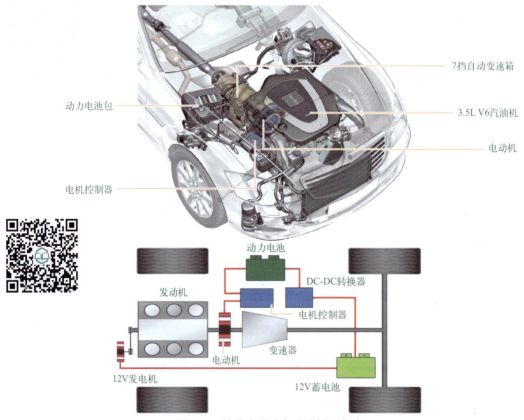

图 1-10 并联式混动车型示例（奔驰 S400 H）

混联式混合动力汽车（CHEV）：同时具有串联式、并联式驱动方式的混合动力（电动）汽车。结构特点是可以在串联混合模式下工作，也可以在并联混合模式下工作，同时兼顾了串联式和并联式的特点。

混合动力电动汽车的主要特点：

——采用小排量的发动机，降低了燃油消耗；

——可以使发动机经常工作在高效低排放区，提高了能量转换效率，降低了排放；

——将制动、下坡时的能量回收到蓄电池中再次利用，降低了燃油消耗；

——在繁华市区，可关停发动机，由电机单独驱动，实现"零"排放；

——电机和发动机联合驱动提高了车辆动力性，增强了驾驶乐趣；

——利用现有的加油设施，具有与传统燃油汽车相同的续航里程。

此外，还有一种车桥独立式混联系统。该系统的车辆拥有一台发动机和两台电机。发动机和电机 1 安装于前桥上，电机 2 则安装于后桥上。这种方案适用于四轮驱动车辆。发动机和电机 1 通过行星齿轮组连接至车辆变速箱。同样，在这种情况下，各动力源输出的动力并不全部传递给车轮。后桥上的电机 2 会在需要时启动。由于这样的设计，动力电池安装在车辆前、后桥之间。系统组成与原理如图 1-11 所示。

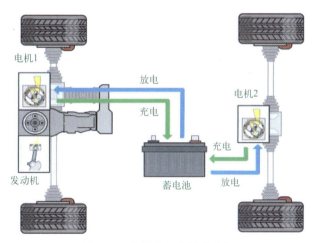

图 1-11　车桥独立式混联系统

第四代丰田汉兰达的总长度为 4965mm，总宽为 1930mm，总高为 1750mm，轮距为 2850mm。新款汉兰达使用的是 2.5L HighlanderHybrid 油电混合系统，在其中汽车发动机的主要参数为 141kW（192 大马力）/238Nm，四驱车型的前电机最大功率为 134kW，最大转矩 270Nm，后电机最大功率为 40kW，最大转矩 121Nm，系统软件综合性输出功率依然是 183kW。汉兰达在后轴额外增加了一组 40kW/121Nm 的电机组成电子四驱系统，相比传统的四驱系统，它没有中央传动轴，所以传动效率更高，响应速度也要更快，同时前后电机动力释放的自由度也更高，可以实现前后 20∶80 的动力分配。系统部件分布如图 1-12 所示。

1.2.6　油气混合动力汽车

国内 CNG（压缩天然气）汽车较多应用在出租车领域，有的双燃料车型不但以 CNG 为

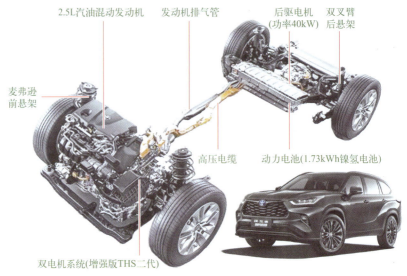

图 1-12　丰田汉兰达四驱油电混动系统部件分布

图 1-13　斯柯达明锐 G-TEC 双燃料混合动力汽车

主要燃料，还可使用汽油，实际是一款以汽油和 CNG 为燃料的混合动力车型，如斯柯达制造的全新明锐 G-TEC 车型将两种燃料用于一台最大功率 130PS 的 1.5TSI 涡轮增压发动机，部件分布如图 1-13 所示。全新明锐 G-TEC 在车底配备了三个气罐，总共可储存 17.33kg 的压缩天然气，其 WLTP（World Light Vehicle Test Procedure，世界轻型汽车测试规程）续航里程可达到 500km。并且该车还配备了一个 9L 的汽油油箱，车辆可自动在汽油和 CNG 燃料模式下切换，无须驾驶员操作，最大续航可超过 700km。

1.2.7　燃料电池电动汽车

燃料电池电动汽车是利用氢气和空气中的氧在催化剂的作用下，在燃料电池中经电化学反应产生的电能，并作为主要动力源驱动的汽车。此类比较典型的车型有如图 1-14 所示的丰田 Mirai FCV 燃料电池汽车。

燃料电池电动汽车其特点主要表现如下：

——能量转化效率高。燃料电池的能量转换效率可高达 60%～80%，为发动机的 2～3 倍。

——零排放，不污染环境。燃料

图 1-14　丰田 Mirai FCV 燃料电池汽车

电池的燃料是氢和氧，生成物是清洁的水。

——氢燃料来源广泛，可以从可再生能源获得，不依赖石油燃料。

1.2.8　太阳能电动汽车

太阳能汽车也是电动汽车的一种，所不同的是电动汽车的蓄电池靠工业电网充电，而太阳能汽车用的是太阳能电池。太阳能汽车使用太阳能电池把光能转化成电能，电能会在蓄电池中存起备用，用来推动汽车的电动机。2022 年 6 月，中国首款完全依靠纯太阳能驱动、不使用任何化石燃料和外部电源、真正实现零排放、引领前沿技术的智能网联汽车"天津号"在世界智能大会上展出，其外观造型如图 1-15 所示。

图 1-15　"天津号"太阳能电动汽车

荷兰一家名叫"Lightyear"（光年）的汽车厂商宣布，其成功研发了全球首款太阳能汽车——"光年零号"，外观如图 1-16 所示。这款汽车采用了"太阳能＋电动"的混合动力系统，在车顶、引擎盖、后备厢等多处安装了太阳能电池板，如果每天行驶不超过 35km，在天气足够好的情况下，这款太阳能汽车能行驶 7 个月不充电。在日照充足的天气，"光年零号"可以做到在不外接充电的情况下续航 640km，在阳光下充电 1h 可以增加 9.6km 的续航里程。在常年多云的气候地带，"光年零号"也能做到 2 个月不用外接充电而满足日常使用。

图 1-16　"光年零号"太阳能电动汽车

第 2 章

混合动力汽车结构原理

2.1 混合动力汽车的分类

2.1.1 混合动力技术定义

Hybrid 一词来源于拉丁语 "hybrida"，含义指交叉或混合的事物。在技术上，hybrid 是指一套将两种互不相同的技术融合在一起的系统。当它应用于驱动方案时，hybrid 一词则被用于两种场合：双燃料驱动（参见本章项目 3）和混合动力技术。混合动力车型一般在车身上会有标识表明其身份，如图 2-1 所示为丰田混动车型标志。

图 2-1 丰田混合动力系统标志

混合动力指两种不同的动力系统的组合，它们以不同的工作原理工作。目前大家对混合动力技术的理解是一个发动机和一个电机的组合。电机可以用作产生电能的发电机、驱动车辆的电动机或发动机的起动机。其组成形式如图 2-2 所示。

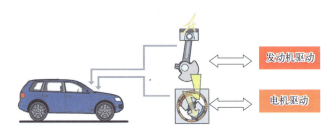

图 2-2 混合动力组成形式

2.1.2　根据混动模式的分类

根据混合动力驱动模式，混合动力系统可以分为以下四类。

（1）串联式混合动力系统

串联式混合动力系统由发动机、发电机和电动机三部分动力总成组成，它们之间用串联方式组成串联式混合动力汽车动力单元系统，发动机驱动发电机发电，电能通过控制器输送到电池或电动机，由电动机通过变速机构驱动汽车。该种驱动结构组成形式如图 2-3 所示。

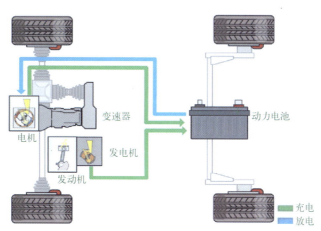

图 2-3　串联式混合动力系统

（2）并联式混合动力系统

并联式设计的特点是结构简单。这种技术通常用于对已有车辆进行"混合动力化"。发动机、电机和变速箱安装于一根轴上。并联式混合动力系统通常配有一台电机。发动机和电机各自输出功率的总和等于总输出功率。这种方案可以保留车辆上大部分的原有零部件。该种混动模式组成形式如图 2-4 所示。

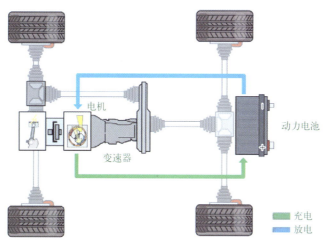

图 2-4　并联式混合动力系统

（3）混联式混合动力系统

混联式混合动力系统除配有发动机外，还配有一台电机。二者均安装于前桥上。

驱动力由发动机和电机共同提供，通过行星齿轮组传递给变速箱。与并联式混合动力系统设计不同，两种形式的动力输出并不能全部传递给车轮。其中一部分动力输出用于驱动车辆，而另一部分则以电能的形式储存在动力电池中。这种混动模式组成形式如图 2-5 所示。

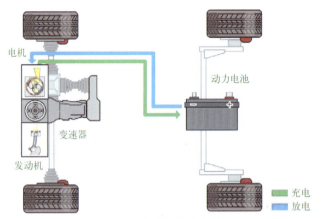

图 2-5　混联式混合动力系统

（4）车桥独立式混合动力系统

车桥独立式混合动力系统是串联与混联两种混合动力系统的结合。车辆拥有一台发动机和两台电机。发动机和电机 1 安装于前桥上，电机 2 则单独安装于后桥上。

这种方案适用于四轮驱动车辆。发动机和电机 1 通过行星齿轮组连接至车辆变速箱。同样，在这种情况下，各动力源输出的动力并不全部传递给车轮。后桥上的电机 2 会在需要时启动。由于这样的设计，动力电池安装在车辆前、后桥之间。这种混动模式的组成形式如图 2-6 所示。

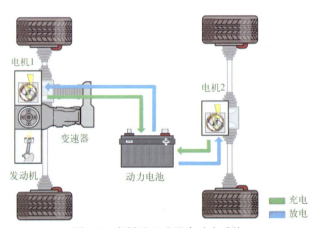

图 2-6　车桥独立式混合动力系统

2.1.3　根据混动架构的分类

混合动力汽车中，按电机位置的不同可分为 P0～P4（并联混动）以及 Ps（Power split，动力分流）架构两种类型，其中 P 代表电机位置（Position），P 后的数字越大，表示电机距离发动机的距离越远，如图 2-7 所示。

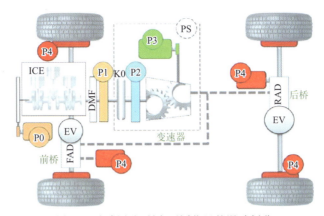

图 2-7　根据电机所在不同位置的混动划分

ICE（Internal Combustion Engine）为内燃机（燃油/气发动机），EV（Electrical Vehicle）为电动汽车

　　电机安装在发动机前端，该类型的混动叫 P0 架构，以带的方式与发动机相连，又称之为 BSG 或 BAS，因为带输出力矩有限，所以这种车型多数为具有直接启停功能的轻混（MHEV）车型。如图 2-8 所示为奥迪搭载 48V 轻混系统的车型。

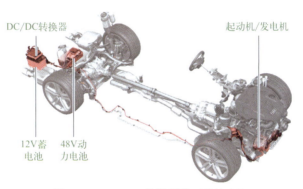

图 2-8　48V-BSG 轻混系统（奥迪 S8）

　　把电机装在发动机后端与发动机刚性相连，此种架构形式称之为 P1，又称之为 ISG（Integrated Starter Generator，集成式起动机-发电机），因为与发动机无法脱开，输出的动力受发动机牵绊，多以中混车型应用为主。如图 2-9 所示为宝马 ISG 混动系统车型。

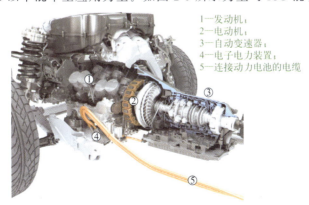

图 2-9　P1 架构车型（宝马 ISG 混动系统车型）

在变速器与发动机中间的离合器之后变速器齿轮输入端安装电机，称之为P2，这种类型的技术简单易行，效率不高，但是成本相对较低。大众GTE车型（图2-10）、宝马530Le、宝马ActiveHybrid X6（图2-11）都属于这种结构。

图2-10　P2架构示例（大众GTE插电混动车型）

1—高压电缆；
2—电动机；
3—发动机

图2-11　P2架构车型示例（宝马ActiveHybrid X6）

将电机安装于变速器齿轮输出端的混动架构称之为P3，因为不需要通过变速箱连接，P3结构的纯电驱动模式与纯电车型完全一致，其驱动结构更为直接，更高效，动能回收的效率高。比亚迪第二代DM系统就是采用了单独的P3架构。如图2-12所示为比亚迪唐DM传动机构部件结构，EV挡动力传递线路（图2-13）：驱动电机→减速器输入轴→减速器中间轴→减速器输出轴→差速器→驱动半轴。在驻车充电时，动力传递线路：K2离合器→副轴二→副轴一→充电中间轴→减速器输出轴→减速器中间轴→减速器输入轴→驱动电机。

还有一种结构形式，利用双离合变速箱可以在两个输入轴之间切换的特点，将电机集成到了其中一轴，一般是偶数挡位的一轴上面，这种介于P2与P3之间的形式被称为P2.5，属于吉利自主研发的混动系统，如图2-14所示。

如果将电机直接安装于驱动轴/轮上则为P4架构，P4架构很少单独使用，一般与P0或P1组合。像宝马X1 PHEV（图2-15）、保时捷918（图2-16）等四驱车，都是由Ps＋P4组合结构实现的混动形式。

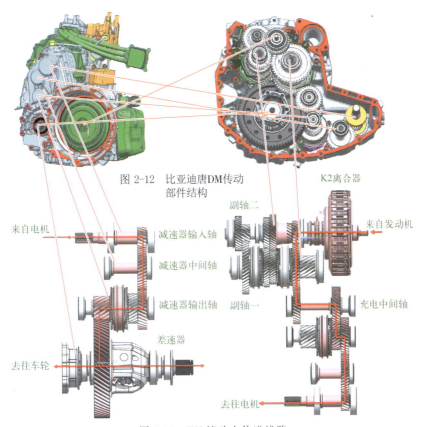

图 2-12　比亚迪唐DM传动部件结构

图 2-13　EV 挡动力传递线路

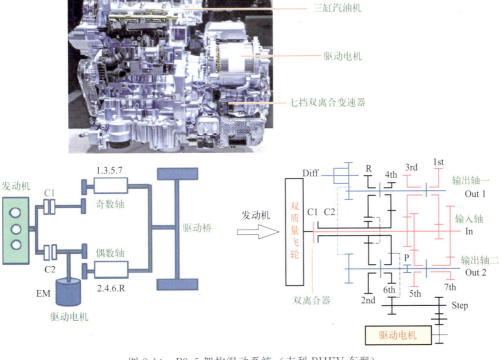

图 2-14　P2.5 架构混动系统（吉利 PHEV 车型）

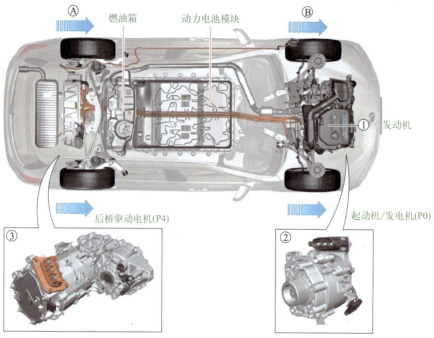

Ⓐ   燃油箱   动力电池模块   Ⓑ

① 发动机

后桥驱动电机(P4)   起动机/发电机(P0)

③   ②

图 2-15 （P4＋P0）架构混动系统（宝马 X1 PHEV）

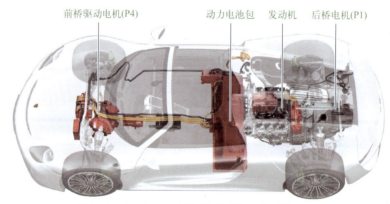

前桥驱动电机(P4)   动力电池包 发动机 后桥电机(P1)

图 2-16 （P4＋P1）架构混动系统（保时捷 918）

2.2 混合动力车型运行原理

2.2.1 串联式混合动力系统

在串联式混合动力系统中，电动机转动车轮，发动机利用发电机作为电动机的电源。以奥迪 A1 e-tron 车型为例，该车型是配备增程器的车辆之一（REEV）。

它由一个发动机和两个电动机驱动，发动机未配备至驱动桥的机械连接。该车辆仅配备电动驱动。

发动机仅驱动电动机 1，其作为发电机使用，并在车辆行驶时对动力电池充电。在该供能下，发动机以高输出和低油耗高效运作。该构造使得车辆行程增加。该动力电池主要由外部充电。

　　当发动机和电动机 1 作为交流发电机对车辆进行再充电时，其可被视作备用发电机。除了高压系统，车辆还带有 12V 车载供电转换器和 12V 车载供电蓄电池。其组成部件见图 2-17，车辆工作原理如表 2-1 所述。

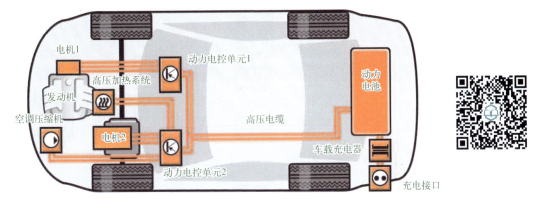

图 2-17　串联式混合动力系统结构

表 2-1　串联式混合动力车型工作原理

模式	模式说明	能量与动力传递路线
电力驱动	如果动力电池已充电，则车辆由电动机 2 电动驱动。便捷用电设备（高压供热系统和高压空调压缩机）和 12V 车载供电蓄电池通过动力电子元件 2 供电	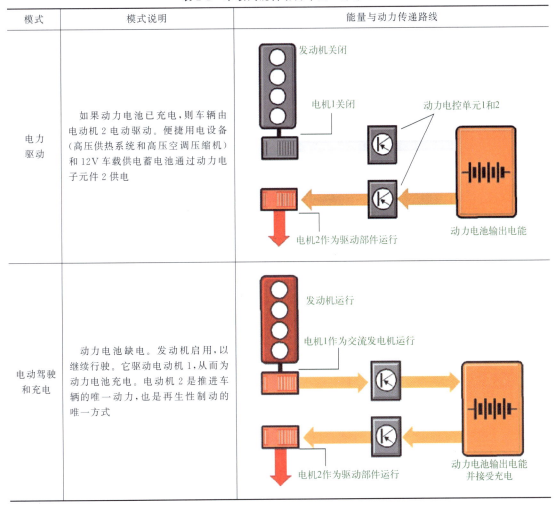
电动驾驶和充电	动力电池缺电。发动机启用，以继续行驶。它驱动电动机 1，从而为动力电池充电。电动机 2 是推进车辆的唯一动力，也是再生性制动的唯一方式	

续表

模式	模式说明	能量与动力传递路线
外部充电	高压系统和整个驱动停用。动力电池通过车载充电插头、高压充电器和两个充电保护继电器充电。充电过程由系统自动监控和停止	
车辆静止时充电	没有外部电源对动力电池充电。这种情况下，发动机可在车辆静止时通过电动机1对动力电池充电	

奥迪 A1 e-tron 车型高压系统部件分布如图 2-18 所示、A3 e-tron 车型高压系统部件分布如图 2-19 所示。

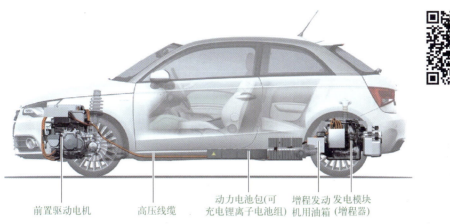

前置驱动电机　　高压线缆　　动力电池包(可　　增程发动　发电模块
　　　　　　　　　　　　　　充电锂离子电池组)　机用油箱　(增程器)

图 2-18　奥迪 A1 e-tron 增程型电动汽车高压部件位置

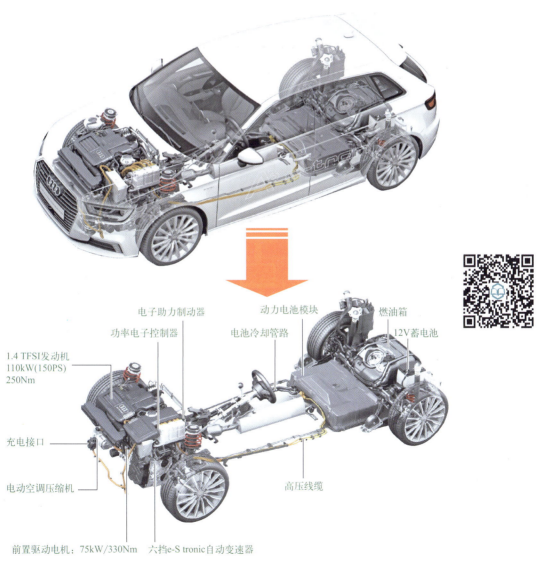

电子助力制动器　　　　动力电池模块　　燃油箱

功率电子控制器　　　电池冷却管路　　　12V蓄电池

1.4 TFSI发动机
110kW(150PS)
250Nm

充电接口

电动空调压缩机

前置驱动电机：75kW/330Nm　　六挡e-S tronic自动变速器　　高压线缆

图 2-19　奥迪 A3 Sportback e-tron 混合动力 PHEV 车型高压系统部件分布

2.2.2 并联式混合动力系统

在并联式混合动力系统中，发动机和电动机/发电机均直接转动车轮。在车辆行驶过程中，除了补充发动机的动力外，电动机/发电机还可作为发电机为动力电池充电，也可仅使用电动机/发电机驱动车辆。其结构见图2-20，车型工作原理如表2-2所述。

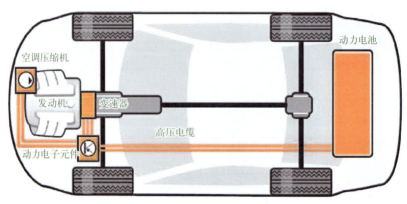

图 2-20 并联式混合动力系统结构

表 2-2 并联式混合动力车型工作原理

模式	说明	能量与动力传输线路
电动驱动	发动机停用，电动机/发电机驱动车辆。在混合动力车中，所有在通常情况下由发动机驱动的功能由不同的高压和12V单元驱动	发动机关闭 动力电子元件　动力电池输出电能 电机作为驱动单元运行
发动机运行	发动机驱动车辆，动力电池充电（根据充电状态）。发动机操作点切换至高效范围	发动机运行 动力电池接受充电 电机作为交流发电机运行

续表

模式	说明	能量与动力传输线路
电力驱动	当发动机有高载荷要求时,电动驱动装置行驶电动机对其进行辅助。发动机和电动机/发电机输出短时间内结合在一起	发动机运行　动力电池输出电能　电机作为驱动单元运行
再生制动	发动机通常情况下关闭。制动能量通过电动机/发电机(用作交流发电机)转化为电能并储存在动力电池中	发动机关闭　动力电池接受充电　电机作为交流发电机运行

　　本田 IMA 系统是非常典型的并联式混合动力系统,至今已发展到第六代并应用在本田的 CR-Z、思域、飞度等车型上。以思域为例,IMA 部件组成如图 2-21 所示。

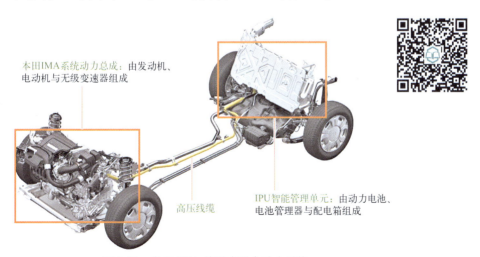

图 2-21　本田 IMA 并联式混合动力系统

　　IMA 系统由 4 个主要部件构成,其中包括发动机、电动机、变速箱以及 IPU 智能动力单元，如图 2-22 所示。电动机取代了传统的飞轮，用于保持曲轴的运转惯性。

图 2-22　思域混合汽车 IMA 系统组成（发动机、电动机、变速箱）

IMA 系统的 IPU 智能动力单元是由 PCU 动力控制单元和动力电池组成。其中 PCU 又包括 BCM 电池监控模块、MCM 电机控制模块以及 MDM 电机驱动模块三部分，见图 2-23。

图 2-23　本田思域混合动力汽车 IPU 模块

GLE 500 e 4MATIC 的混合动力变速箱是所谓的 P2 混合动力系统，系统主要部件如图 2-24 所示。在 P2 混合动力系统中，内燃机通过 NAK 驱动电动机的转子。这种布置可将

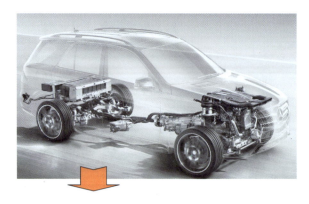

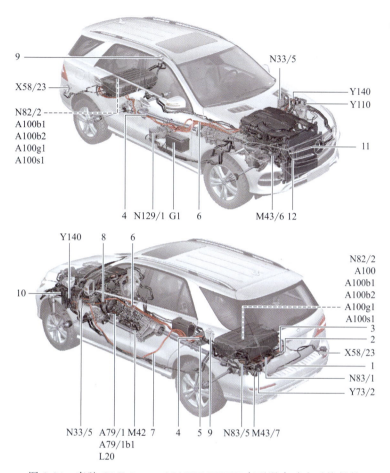

图 2-24　奔驰 GLE 500 e 4MATIC PHEV 车型混合动力系统部件

1—充电装置供电插座与充电装置之间的线束（可单独更换）；2—充电器和动力电池之间的线束；3—DC/
DC 转换器和动力电池之间的线束；4—动力电池和电力电子装置控制单元高压配电板之间的线束（可单独
更换）；5—电力电子装置控制单元高压配电板；6—电力电子装置控制单元高压配电板和电动机之间的线束
（仅可连同线束 8 一起更换）；7—电力电子装置控制单元高压配电板和高压 PTC 加热器（N33/5）之间的线
束（可单独更换）；8—电力电子装置控制单元高压配电板和电动制冷剂压缩机之间的线束（仅可连同线束 6
一起更换）；9—低温回路 2 膨胀容器；10—热交换器；11—低温回路 2 散热器；12—低温回路 1 散热器；
A79/1—电动机；A79/1b1—电动机温度传感器；A100—动力电池模块；A100b1—动力电池冷却液入口的
温度传感器；A100b2—动力电池单元的温度传感器；A100g1—动力电池；A100s1—接触器；G1—车载电
气系统蓄电池；L20—电动机转子位置传感器；M42—电动变速箱油泵；M43/6—低温回路循环泵 1；M43/
7—低温回路循环泵 2；N33/5—高压 PTC 加热器；N82/2—蓄电池管理系统控制单元；N83/1—DC/DC 转
换器控制单元；N83/5—车载充电装置；N129/1—电力电子装置控制单元；X58/23—充电装置供电插座；
Y73/2—低温回路转换阀 2；Y110—动力电池冷却装置膨胀阀；Y140—动力电池冷却装置转换阀

电动机转数与内燃机的转数分开。除了传统的驱动模式，还提供以下功能或运行模式：发动机启动/停止、能量回收、助力（内燃机的电支持）、纯电动行驶。

纯电动行驶的最高速度可达 130km/h。电能储存在一个能源容量为 8.8kWh 的锂离子蓄电池中，该蓄电池可外接公共充电站、家里的壁挂式充电盒或普通的 220V 插座进行充电。

如图 2-25 所示为奔驰新款 C 级插电式混合动力 C350，该系列混合动力驱动为 P2 混合

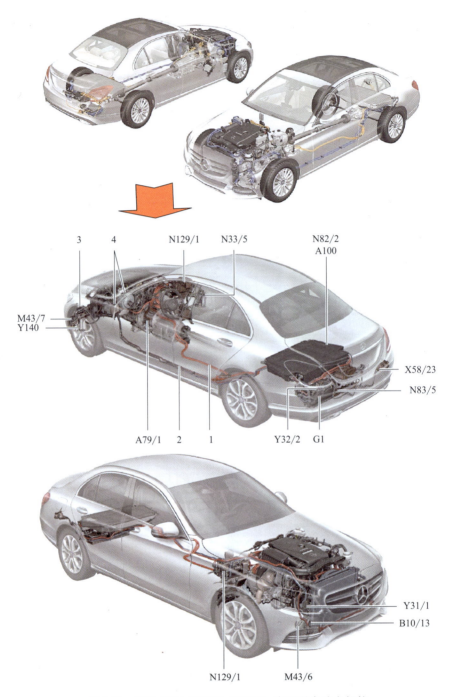

图 2-25　奔驰 C350 PHEV（W205）车型混合动力部件

1—高压电缆；2—冷却液管路；3—热交换器；4—再生制动系统 ［制动助力器和电控车辆稳定行驶系统（ESP）控制单元］；A79/1—电动机；A100—动力电池模块（蓄电池、接触器、冷却液入口的温度传感器、动力电池单元温度传感器）；G1—车载电网蓄电池；M43/7—低温回路循环泵 2；N33/5—高压正温度系数（PTC）辅助加热器；N82/2—蓄电池管理控制单元；N83/5—充电器（车载充电器）；N129/1—电力电子装置控制单元；X58/23—充电装置供电插座；Y32/2—低温回路转换阀 2；Y140—动力电池冷却转换阀；B10/13—低温回路温度传感器；M43/6—低温回路循环泵 1；Y31/1—低温回路转换阀动力系统设计，意味着电动机被安置在启动装置后面（湿式启动离合器-NAK）且由此可与内燃机脱离，这样可产生新的功能和运行模式：发动机启动/停止、能量回收、助力（在极度加速过程中提供电支持）、纯电动运行。该车技术参数见表 2-3。

表 2-3　奔驰 C350 PHEV 车型技术参数

项目	技术参数
混合动力方案	并联(P2)
动力电池种类	锂离子电池(88 个单元)
动力电池电量	6.2kWh
动力电池电压额定值	290V
最大输出功率	约 60kW,持续 10s/50kW,恒定
电动机转矩	340Nm
电动行驶	最高车速 130km/h(在航行模式下为 160km/h)
纯电动运行的行驶距离	约 30h

路虎 Land Rover 混合动力电动汽车（HEV）是配备单轴并联式驱动系统的全混合动力车辆，两个动力源串联布置到一个单轴内。轴在旋转时向变速器提供驱动。系统主要部件分布如图 2-26 所示。

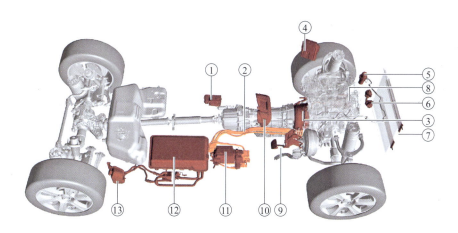

图 2-26　路虎揽胜 HEV 系统主要部件分布

1—全地形反馈适应系统开关组；2—高压电缆；3—电动机/发电机（MG）；4—ECM，包含车辆监控控制器（VSC）；5—电动真空泵（EVP）；6—电动水泵；7—中间温度冷却电路冷却器；8—空调电压缩机（eAC）；9—带位置传感器的制动踏板；10—仪表盘；11—电力变频转换器（EPIC）；12—动力电池（HVB）；13—蓄电池冷却电路脱气罐

英菲尼迪混合动力车型使用直接响应混合动力系统。该系统是由一个电机、两个离合器组成的并联混合动力系统。以 QX60 车型为例，系统主要组成部件如图 2-27 所示。

2.2.3　混联式混合动力系统

如图 2-28 所示为大众高尔夫 6 双驱 PHEV 插电式混合动力车型结构示意图，该车为混

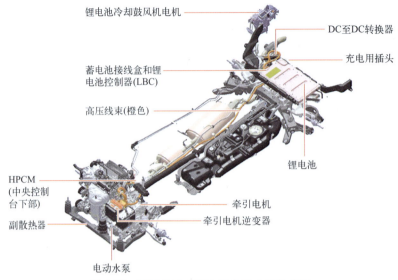

锂电池冷却鼓风机电机

DC至DC转换器

充电用插头

蓄电池接线盒和锂
电池控制器(LBC)

高压线束(橙色)

锂电池

HPCM
(中央控制
台下部)

牵引电机

牵引电机逆变器

副散热器

电动水泵

图 2-27　英菲尼迪 QX60 混合动力部件位置

联式混合动力车型。该车工作原理如表 2-4 所述。

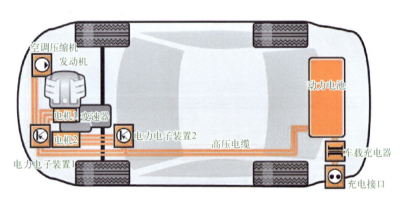

空调压缩机

发动机

动力电池

电机1 变速器

电机2

电力电子装置2

高压电缆

电力电子装置1

车载充电器

充电接口

图 2-28　混联式混合动力系统结构

表 2-4　混联式混合动力车型工作原理

模式	模式说明	能量及动力流传递路线
电动驱动	发动机停用,车辆由电动机 1 驱动,动力电池通过动力电子元件 1 供能	发动机与电机2关闭 / 动力电池输出电能 / 电机1作为驱动部件运行

续表

模式	模式说明	能量及动力流传递路线
序列驱动	电动机 2 启动发动机,之后电动机 2 作为交流发电机运行并向动力电池供能。该电动机提供能量,从而电动机 1 可电动驱动车辆。这种运行模式是个例外	发动机运行 电机2作为交流发电机运行　　动力电池输出电能同时接受充电 电机1作为驱动单元运行
联合驱动	发动机和电动机使车辆加速。该供能取决于动力电池的充电状态	发动机运行 电机2作为驱动单元运行　　动力电池输出电能 电机1作为驱动单元运行
发动机驱动	如果动力电池完全失电,则不再允许电动驾驶。在这种情况下,车辆使用发动机驱动,同时使用电动机 2 产生的额外能量对动力电池充电	发动机运行 电机2作为交流发电机运行　　动力电池接受充电 电机1关闭

模式	模式说明	能量及动力流传递路线
耦合驾驶和充电	驾驶者计划的路线可能要求发动机驱动车辆,同时,额外的能量用于给动力电池充电	发动机运行 电机2作为交流发电机运行 动力电池输出电能的同时接受充电 电机1作为驱动部件运行
再生制动	离合器接合时,两个电动机可用于再生性制动。车辆减速产生的能量可通过这两个动力电子元件转换成直流电压,并立刻存储在动力电池中	发动机运行 电机2作为交流发电机运行 动力电池接受充电 电机1作为交流发电机运行
外插充电	在从外部电源充电过程中,高压系统处于备用模式。 电动机和动力电子元件停用。充电电缆通过充电触电连接至车辆。当控制单元识别用于为动力电池充电的电源时,两个充电保护继电器关闭。 充电过程开始。一旦达到要求的容量时,充电过程停止。充电过程中启用的用电设备由外部充电电源供电	外部充电连接插座 发动机和电机2关闭 动力电池充电中 电机1关闭

奥迪 Q7 e-tron 车型便是一款混联式混动汽车，该车主要部件组成如图 2-29 所示。

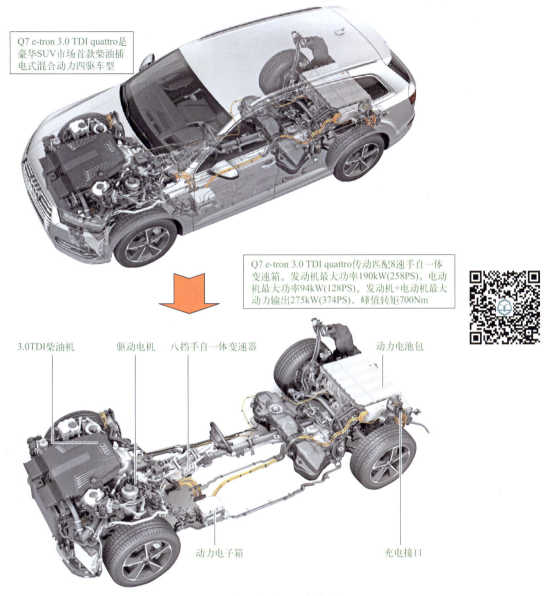

Q7 e-tron 3.0 TDI quattro是豪华SUV市场首款柴油插电式混合动力四驱车型

Q7 e-tron 3.0 TDI quattro传动匹配8速手自一体变速箱。发动机最大功率190kW(258PS)，电动机最大功率94kW(128PS)。发动机+电动机最大动力输出275kW(374PS)，峰值转矩700Nm

3.0TDI柴油机　驱动电机　八挡手自一体变速器　动力电池包

动力电子箱　充电接口

图 2-29　奥迪 Q7 e-tron 插电式柴油混合动力车型

通用雪佛兰迈锐宝 XL、君越 30H 这两款全混车型采用了相同的动力总成、通用智能电驱系统是它们的核心部件，见图 2-30。

采用单电机方案，意味着发动机和电机之间要么是串联，要么是并联，只能二选一，混动系统的工作模式比较少。采用双电机方案，则发动机和电机之间是混联，既可以串联又可以并联。通用的智能电驱系统采用的是双电机方案。以雪佛兰迈锐宝 XL 车型为例，该车混动系统主要部件组成如图 2-31 所示。沃蓝达 PHEV 车型混动部件如图 2-32 所示。

宝马 X1 xDrive 25Le（开发代码：F49 PHEV）是一款第 3 代宝马混合汽车。F49 PHEV 是一款中国本土生产并配备锂离子蓄电池的插电式混动汽车。宝马 X1 xDrive 25Le

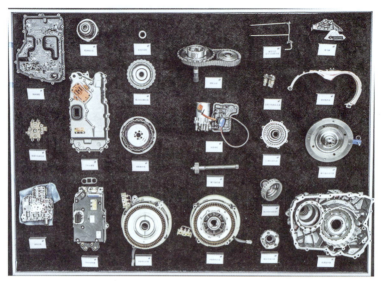

图 2-30　通用用于全混车型的智能驱动系统拆解零件

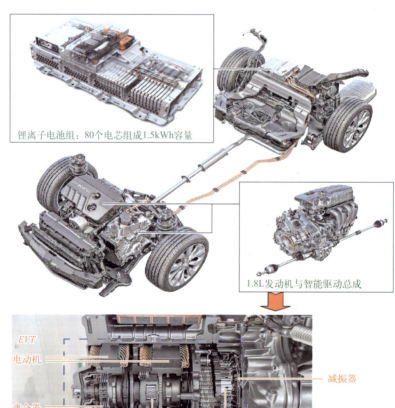

锂离子电池组：80个电芯组成1.5kWh容量

1.8L发动机与智能驱动总成

EVT
电动机
减振器
离合器
行星齿轮组

图 2-31　雪佛兰迈锐宝 XL 全混动车型系统主要部件

图 2-32　雪佛兰沃蓝达（VOLT）PHEV 混动部件

在纯电力驱动条件可以行驶 60km 左右。宝马 X1 xDrive 25Le 的驱动系统包括：双排气涡轮增压技术（B38A15M0）3 缸汽油机、前驱动轮上的 6 速自动换挡装置（AISIN F21 250FT）以及驱动后驱动齿轮的电机。宝马 X1 xDrive 25Le 是一款全混动汽车，配备锂离子动力电池单元，该装置可以通过家用插座进行充电。该车混动系统主要部件组成如图 2-33、图 2-34 所示。

丰田混合动力系统英文简称为 THS（Toyota Hybrid System）。丰田三代 THS 系统发展历程如下。

1997 年丰田公司开发出第一代丰田混合动力系统，并安装在丰田普锐斯车型上，当时的电机使用电压为 274V。

2003 年 4 月，丰田公司开发出第二代混合动力系统即 THS-Ⅱ，该系统使用在丰田普锐斯车型上，该系统组成部件如图 2-35 所示。2005 年 12 月，普锐斯在中国长春下线，此时的电机工作电压达到了 500V，并装备 1.5L 的 1NZ-FXE 发动机配合电机工作。第二代丰田混合动力系统比第一代在汽车的提速方面有明显的改进。

2009 年 4 月，丰田在普锐斯车型上安装了第三代混合动力系统。发动机排量改进为

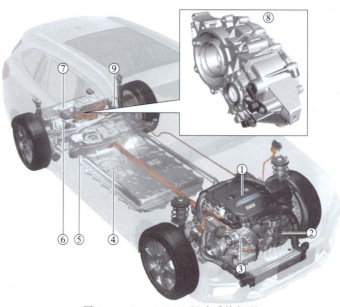

图 2-33　F49 PHEV 驱动系统概况

1—3 缸汽油机；2—6 速自动变速箱；3—高压启动电动发电机；
4—动力电池单元；5—加压油箱（35L）；6—电机；7—电机电子
装置（EME）；8—减速装置；9—便捷充电电子装置 KLE

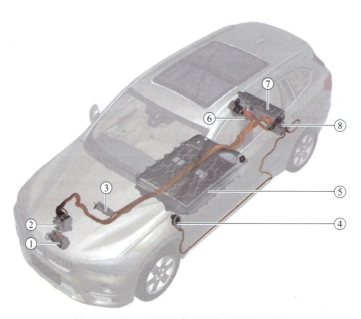

图 2-34　F49 PHEV 高压组件的安装位置

1—电动空调压缩机（EKK）；2—高压启动电动发电机（HV-SGR）；3—电气加热装置（EH）；4—充电插座；
5—动力电池单元；6—电机（EM）；7—电机电子装置（EME）；8—便捷充电电子装置 KLE

1.8L。在中国国内装备 5ZR-FXE 发动机，国外装备 2ZR-FXE 发动机，并将电机工作电压进一步提升到 650V，同时采用电子水泵，空调压缩机电压提升到 244.8V，并增加 ECO 和 POWER 模式以改善二代混合动力系统的提速性。

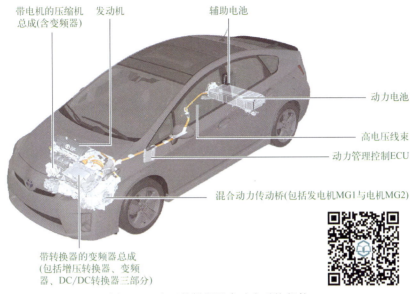

带电机的压缩机总成(含变频器)　发动机　　辅助电池

动力电池

高电压线束

动力管理控制ECU

混合动力传动桥(包括发电机MG1与电机MG2)

带转换器的变频器总成
(包括增压转换器、变频
器、DC/DC转换器三部分)

图 2-35　丰田普锐斯混合动力系统部件

2.2.4　车桥独立式混合动力系统

宝马 i8（研发代码 I12）采用了全新开发的驱动装置。这种创新型驱动方案在车上组合使用了两种高效的驱动装置。由一个高效的 3 缸汽油机配合一个六挡自动变速箱进行后桥驱动。由一个电机配合一个两挡手动变速箱进行前桥驱动，驱动部件分布如图 2-36 所示。两个驱动装置的巧妙配合使得 I12 同时兼具了跑车的动力性能和紧凑型轿车的效率。

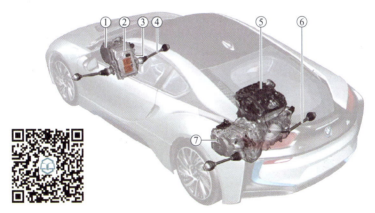

图 2-36　宝马 i8 全驱电动汽车

1—电机；2—电机电子装置 EME；3—两挡手动变速箱；4—右侧前桥半轴；
5—发动机；6—右侧后桥半轴；7—自动变速箱

这种在宝马上首次采用的车桥混合动力形式，在没有附加组件的情况下实现了可独立调节的四轮驱动系统。前部和后部驱动力矩相互协调，可确保传动系统高效性能，可根据不同行驶情况进行具体调节。

采用车桥混合动力时对车辆各车桥进行独立驱动。路面是两车桥间唯一的联系。驱动车辆时不仅可以单独而且也可以同时使用两种传动系统。动力电池电量充足时可通过电动驱动装置以零排放和低噪声方式行驶较长距离。采取相应设计的发动机在配合电动驱动装置使用的情况下也可实现较长可达里程并可在低油耗的情况下实现运动型驾驶方式。宝马 i8 高压系统部件分布如图 2-37 所示。

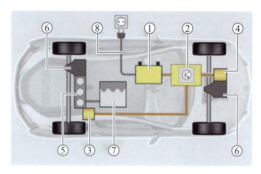

图 2-37　宝马 i8 高压系统部件分布
1—动力电池；2—供电电子装置；3—增程电机或高压启动电动发电机；
4—电机；5—发动机；6—变速箱；7—燃油箱；8—电源插头

宝马 i8 插电式混动汽车前后桥传动部件结构如图 2-38 所示。

2.3 油气混合车型原理

2.3.1 CNG 双燃料车型定义

双燃料驱动是指车辆的发动机可以使用两种不同类型的燃料来提供动力，如图 2-39 所示。能够同时使用化石燃料和可再生燃料（柴油/生物柴油）或同时使用液态燃料及气态燃料（汽油/天然气/液化石油气）的系统已为我们所熟知，且在市场上越来越常见。

2.3.2 CNG 车型系统结构

压缩天然气、汽油两用燃料汽车（简称 CNG 汽车），是采用定型的汽油汽车改装，在保留原车供油系统的基础上，增加一套"车用压缩天然气装置"，可使用压缩天然气，也可使用汽油，油气两种燃料转换非常方便。"车用压缩天然气装置"由以下三个系统组成，如表 2-5 所示。

① 天然气储气系统：主要由充气阀、高压截止阀、天然气储气瓶、高压管线、高压接头、压力传感器及气量显示器等组成。

② 天然气供给系统：主要由天然气滤清器、减压调节器、动力调节阀、混合器等组成。

③ 油气燃料转换系统：主要由油气燃料转换开头、天然气电磁阀、汽油电磁阀等组成。

表 2-5　CNG 系统组成

三大系统	组成部分
天然气储气系统	指储存 CNG 的装置，主要由天然气储气瓶、气量显示器、压力表、充气阀、压力传感器、高压管线等组成
天然气供给系统	主要由天然气滤清器、减压调节器、动力调节器、混合器等组成
油气转换系统	指根据用户需求随时切换燃料，并能根据发动机工况调整 CNG 供给量的装置，主要由油气燃料转换开关、ECU 电子控制单元、燃油及 CNG 电磁阀、喷射阀共轨及相关线束组成

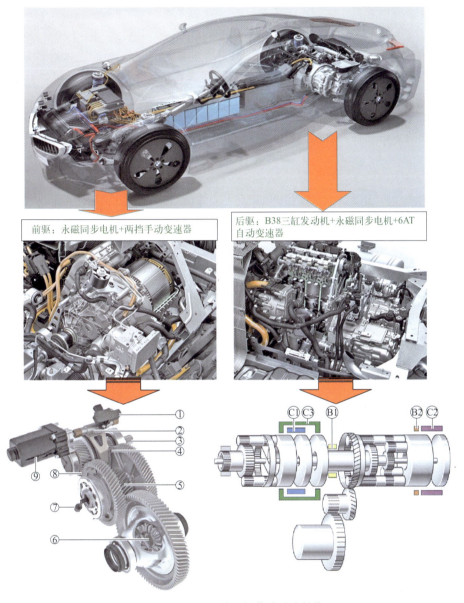

图 2-38　宝马 i8 前后桥传动总成结构

1—PLCD 传感器；2—换挡拨叉；3—变速箱输入轴；4——挡齿轮组；5—中间轴；6—差速器；7—通风装置；8—二挡齿轮组；9—换挡执行机构；B1—制动带（锁止后部行星齿轮组的前部太阳轮）；B2—制动离合器（锁止后部行星齿轮组的行星齿轮架）；C1—驱动离合器（连接前部行星齿轮组的行星齿轮架与后部行星齿轮组的后部太阳轮）；C2—驱动离合器（连接中间轴与后部行星齿轮组的行星齿轮架）；C3—驱动离合器（连接前部行星齿轮组的行星齿轮架与后部行星齿轮组的前部太阳轮）

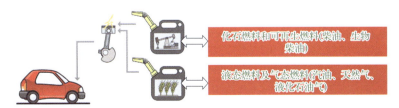

图 2-39　双燃料混合驱动汽车

2.3.3　CNG 车型工作原理

当使用天然气作燃料时，储气瓶内 20MPa 的压缩天然气经管道进入过滤器去杂质后，进入减压器逐步减压到常压左右，进入混合器并与来自空气滤清器的空气混合，一同经进气通道进入气缸燃烧。

油路中安装一个汽油电磁阀，其余部件均保留不变，当使用汽油时，汽油电磁阀打开，汽油通过该阀进入进气口并被吸入气缸燃烧。CNG 车型工作原理示意图如图 2-40 所示。

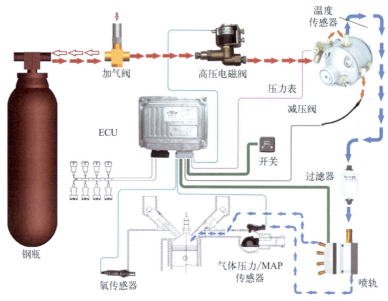

图 2-40　CNG 车型工作原理

第3章

纯电动汽车结构原理

3.1 纯电动汽车基本结构

3.1.1 通用型纯电动汽车基本结构

电动汽车的整个驱动系统包括：

—— 动力电池，带控制单元，用于管理蓄电池和必要的充电器；

—— 电动机/发电机，带电动控制（动力电子元件）和冷却系统；

—— 变速箱，包括差速器；

—— 制动系统；

—— 用于车内的高压空调。

以前驱车型为例，图 3-1 为纯电动汽车的常用部件。

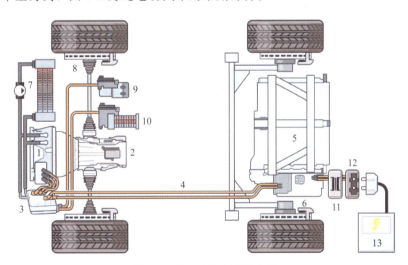

图 3-1　纯电动汽车部件布置

1—电动机/发电机；2—带差速器的变速箱；3—动力电子元件；4—高压电缆；5—动力电池；6—电子设备盒，
带控制单元，用于蓄电池管理；7—冷却系统；8—制动系统；9—高压空调压缩机；10—高压供热器；
11—蓄电池充电器；12—用于外部充电的充电触点；13—外部充电电源

3.1.2　常见电动汽车高压部件

以宝马 i3 为例，该车上的大量高压组件一方面用于驱动车辆，另一方面用于执行一些舒适功能。图 3-2 为该电动车型的高压系统部件介绍。

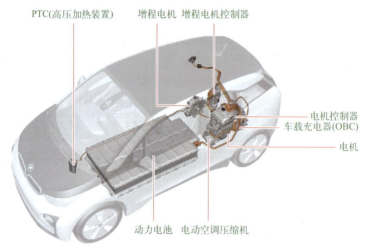

图 3-2　宝马 i3 高压组件

奔驰 B 级 Electric Drive 纯电动车是奔驰与 Tesla（特斯拉）合作推出的全电力驱动车型。这款 B 级 Electric Drive 纯电动车在 2013 年纽约国际车展亮相，于 2014 年在美国市场首推。该车配备一台可以输出 100kW（136PS）最大功率的电动机，转矩峰值可达到 310Nm。该车在电池满电时续航里程为 200km，并且可通过 1h 的快速充电来获得 100km 的续航能力。性能方面，该车从 0～100km/h 的加速时间可控制在 10s 以内，极速为 160km/h。该车主要高压部件组成如图 3-3 所示。

图 3-3　奔驰 B 级 Electric Drive 纯电动汽车高压部件分布

捷豹首款纯电动跑车型 SUV i-PACE 的前后轴分别各由一台捷豹自主研发设计的同轴永磁电动机驱动。每台同轴永磁电机均匹配一部小型单速变速箱和差速器，可将转矩精准分配至四个车轮，使 I-PACE 不断调整前后平衡，以适应不同路况。先进的 81kWh 液冷式锂离子电池组，一次充电可续航 500km（新欧洲行驶工况标准）。使用直流电（100kW）高速充电桩，汽车可在 40min 内将电池电量从 0% 充至 80%，而充电 15min 即可实现 100km 续航里程。该车高压系统部件分布如图 3-4 所示。

后驱动电机和电机控制器

双电机组合：四轮驱动，最大可输出294kW功率，最大转矩为700Nm，百公里加速时间为4s

锂离子电池组：由36个锂电池模块组成，每个模块配12个电池单元，总容量为90kWh，用50kW快充可2h充满，最大续航里程可达500km；慢充一晚上可行驶50km

图 3-4　捷豹 i-PACE 纯电动前后双电机四轮驱动汽车（概念车型）高压系统分布

　　奥迪 e-tron 的名字由英文"electron（电子）"演变而来，是奥迪电动技术和电动车型的标志。该概念车型高压系统部件分布如图 3-5 所示，R8e-tron 车型高压系统部件组成见图 3-6。

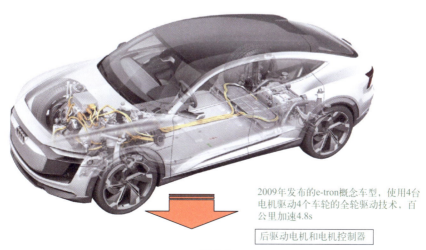

2009年发布的e-tron概念车型，使用4台电机驱动4个车轮的全轮驱动技术，百公里加速4.8s

后驱动电机和电机控制器

图 3-5

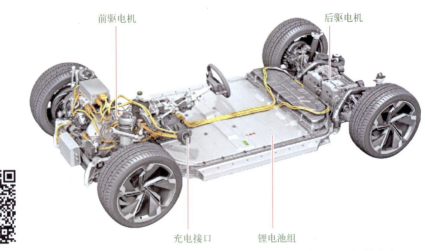

图 3-5　奥迪 e-tron 前后四电机全轮驱动概念车型高压系统部件分布

永磁同步电机：左右独立驱动两个后轮，单个电机最大功率为190PS(140kW)，最大转矩为410Nm

锂离子电池：由三洋公司提供，共530个电池单元组成，总质量达577kg，总容量48.6kWh，可输出最大功率为389kW，续航里程达450km

图 3-6　奥迪 R8 e-tron 双电机后驱电动跑车高压系统部件

3.2　纯电动汽车基本原理

3.2.1　纯电动汽车系统组成

电动车的基本结构主要可分为三个子系统，即主能源系统（电动源）、电力驱动系统、能量管理系统。其中电力驱动系统又由电控系统、电机、机械传动系统和驱动车轮等部分组成；主能源系统又由主电源和能量管理系统构成，能量管理系统是实现电源利用控制、能量再生、协调控制等功能的关键部件。电力驱动及控制系统是电动汽车的核心，也是区别于发动机汽车的最大不同点。

电动汽车的工作原理：蓄电池输出高压直流→电力调节器转换为三相交流电压→驱动电动机输出转矩→动力传动系统→驱动汽车行驶。

纯电动汽车，相对燃油汽车而言，主要差别（异）在于四大部件：驱动电机、调速控制器、动力电池、车载充电器。如图 3-7 所示为特斯拉电动汽车 MODEL S 车型结构。

图 3-7　电池安置于底盘中间（特斯拉 MODEL S）

与燃油汽车相比，电动汽车的特点是结构灵活。燃油汽车的主要能源为汽油和柴油，而电动汽车是采用电力能源，由电动源和电动机驱动的，电力驱动及控制系统是电动汽车的核心，也是区别于燃油汽车的最大不同点。传统燃油汽车的能量是通过刚性联轴器和转轴传递的，而电动车的能量是通过柔性的高压电缆传输的。因此，电动汽车各部件的布置具有很大的灵活性。

3.2.2　纯电动汽车运行原理

以大众高尔夫 BEV 纯电动汽车为例，这是一款不装载发动机的纯电动车。除了通过再生性制动充电的蓄电池，动力电池只能通过一个充电站、220V 的电源插座或连接至公共充电站的充电电缆进行外部充电。除了高压系统，车辆还带有 12V 车载供电转换装置和 12V 车载供电蓄电池。85kW 电动机/发电机通过一个减速箱和差速器将输出传导至驱动轮。车辆驱动单元与高压系统部件分布如图 3-8 所示。纯电动汽车工作原理如表 3-1 所述。

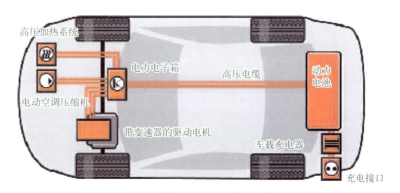

图 3-8　车辆驱动单元和高压部件位置

表 3-1 纯电车型工作原理

模式	模式说明	能量与动力传递线路
电动驱动	纯电动车辆电动驱动单元的配置与完全混合动力车辆的配置完全相同；动力电池向动力电子元件供能。动力电子元件将直流电压转变成交流电压来驱动电动机	电机作为驱动单元运行　电力电子单元　动力电池输出电能
再生制动	如果电动车"滑行"（车辆在没有来自电动机的驱动转矩下移动），部分热能通过用作交流发电机的电动机转化成电能并对动力电池充电	电机作为交流发电机运行　电力电子单元　动力电池接受充电
外部充电	动力电池通过车辆上的充电触点进行充电。当连接外部充电电源时，车辆将按照之前的设定值自动充电。该过程会自动完成。如果充电过程中使用用电设备，它们将由充电电压供电	外部充电接口　动力电池接受充电　电力电子单元
车辆温度控制	如果电动车处于交通阻塞中，则无须电动机/发电机输出能量。高压供热系统和电动空调压缩机将满足乘员们的舒适性需求	高压供热系统　电动空调压缩机　电力电子单元　动力电池输出电能

第4章

氢燃料汽车结构原理

4.1 氢燃料汽车技术进程

从国际上来看，氢燃料电池车分三个发展阶段。

第一阶段为 1990 年到 2005 年。1990 年美国能源署开始制订氢能和燃料电池研发和示范项目，世界上各发达国家（地区）纷纷加紧氢能与燃料电池的研发部署。当时人们对这项技术的攻关难度理解不够，以为燃料电池车可能在 1995 年左右实现产业化，而实际上做出的三辆氢燃料电池车在试验阶段虽然稳定运行很好，但放在芝加哥上路运行不到一个月后全部垮掉，大家这才意识到燃料电池不适用于汽车的工况。

第二个阶段是 2005 年到 2012 年。各国工程师用了 7 年时间终于解决了燃料电池的工况适应性问题，燃料电池比功率达到了 2kW/L，在 −30℃ 也能储存和启动，基本上满足了车用要求。

第三阶段是 2012 年到现在，丰田燃料电池比功率达到了 3.1kW/L，并在 2014 年 12 月 15 日宣布，"未来"氢燃料电池车实现商业化，进入了商业推广阶段，其后，本田与现代也推出了燃料电池商业化车。因此，从商业化角度，有人把 2015 年称为燃料电池汽车的元年。全球氢燃料汽车技术进程如图 4-1 所示。

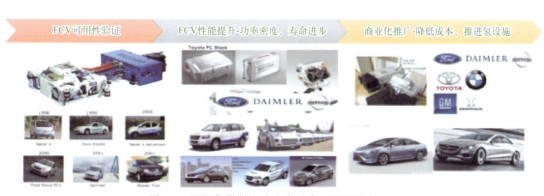

图 4-1　国际氢燃料电池汽车及车用燃料技术进程

燃料电池车在全球范围已经进入商业化导入期，目前的焦点是降低成本与加氢站的建设。在我国，氢燃料电池车已经进行了二十多年的研发并取得卓越成就。见图 4-2。

图 4-2　我国燃料汽车发展

4.2　氢燃料汽车结构

　　燃料电池堆是燃料电池动力系统的最核心部件，它是由多个燃料电池通过一定的方式结合起来形成的通过电化学反应产生直流电的燃料电池组。一个单独的燃料电池产生的电压低于 1V，所以单电池要做成堆栈应用。

　　驱动电机及控制系统是燃料电池汽车的心脏，它的功能是使电能转变为机械能，并通过传统系统将能量传递到车轮驱动车辆行驶。其基本构成为电机和控制器，电机由控制器控制，是一个将电能转变为机械能的装置，控制器的作用是将动力源的电能转变为适合于电机运行的另一种形式的电能，所以控制器本质上是一个电能变换控制装置。

　　电动机驱动是燃料电池车唯一的驱动模式。大型燃料电池汽车如大客车一般采用感应电机驱动；小型燃料电池汽车如乘用车一般用无刷直流电机驱动系统。

　　燃料电池汽车的整车控制系统和其他类型的新能源汽车是一样的，它负责对燃料电池系统、电机驱动系统、动力转向系统、再生制动系统和其他辅助系统进行监测和管理，也可以向智能化和数字化方向发展，包括神经网络、模糊运算和自适应控制等非线性智能控制技术都可以应用于燃料电池汽车的控制系统中。因此，燃料电池汽车一样可以实现无人驾驶或智能驾驶。

　　燃料电池车是以燃料电池为主要电源和以电动机驱动为唯一的驱动模式的电动车辆，燃料电池汽车的基础结构多种多样，按照驱动方式可分为纯燃料电池驱动和混合驱动两种，区别主要在于是否加装了辅助电源。

　　目前，因受到燃料电池启动较慢和燃料电池不能用充电来储存电能的限制，多数燃料电池汽车都要增加辅助电源来加速燃料电池车的启动，储存启动所需的电能和车辆制动反馈的能量。因此一般的燃料电池汽车大多是混合驱动型车，其动力系统关键装备除了燃料电池，还包括 DC/DC 转换器、驱动电动机及传动系统、辅助电源等部件。

　　辅助电源及管理系统是混合型燃料电池汽车动力系统中的重要组成部分，在汽车启动、加速、爬坡等工况下，需要驱动功率大于燃料电池可以提供的功率时，释放存储的电能，从而降低燃料电池的峰值功率需求，使燃料电池工作在一个稳定的工况下，而在汽车怠速、低速或减速等工况下，燃料电池功率大于驱动功率时存储动力系统富余的能量，或在回馈制动时吸收存储制动能量，从而提高整个动力系统的能量效率。

　　目前应用于混合燃料电池汽车的辅助电源主要有如铅酸电池、镍镉电池、镍氢电池、锂离子电池、超级电容器等类型。由于蓄电池最便宜，目前辅助电源使用最多的还是蓄电池（铅酸电池），主要采用 EFB 电池（增强型富液式铅酸电池）和 AGM 电池（玻璃纤维吸附蓄电池），其供应商主要包括博世、法雷奥、德尔福和马自达等厂商。此外，镍氢电池由于其性价比优势，也是现在主流的燃料电池辅助电源方案之一。

2009 年，奔驰发布了 B 级 F-CELL 燃料电池车。该车动力系统最大输出功率为 136PS，峰值转矩 290Nm，而且在启动时即可达到峰值转矩，最高可达 170km/h，只比自然吸气式奔驰 B200 车型低 26km/h。每公里二氧化碳排放量为 0。B 级燃料电池车驱动系统的主要部件包括：小型氢气燃料电池反应堆、高效能的锂离子电池、三个 700bar❶ 高压储氢罐以及一个位于前轴的紧凑而轻量化的驱动电机。该车内部结构如图 4-3 所示。

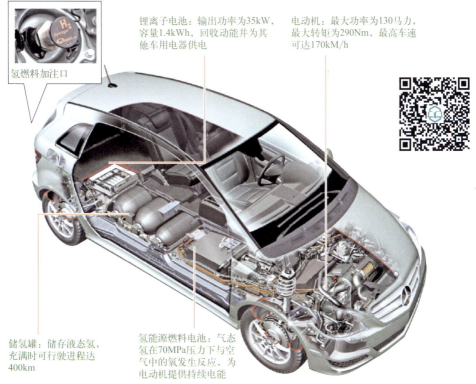

锂离子电池：输出功率为35kW，容量1.4kWh，回收动能并为其他车用电器供电

电动机：最大功率为130马力，最大转矩为290Nm，最高车速可达170kM/h

氢燃料加注口

储氢罐：储存液态氢，充满时可行驶进程达400km

氢能源燃料电池：气态氢在70MPa压力下与空气中的氧发生反应，为电动机提供持续电能

图 4-3　奔驰 B 级 F-CELL 燃料电池汽车内部结构

奥迪在 2014 洛杉矶车展上发布了奥迪 A7 Sportback h-tron quattro 氢燃料混合动力车，其最核心的部件是位于传统发动机舱的氢燃料电池，由 300 多个电池单元组成。其工作原理极为清洁，氢气被输送到电池阳极后，被分解为质子和电子，质子到达阴极后与空气中的氧气反应变成水蒸气，同时电子提供电能，整个燃料电池的电压在 230～360V 之间。在燃料电池模式下，车辆仅需大约 1kg 的氢就能行驶 100km，产生的能量相当于 3.7L 汽油，加满大约 5kg 氢气只需要不到 3min 的时间。该车内部结构及关键部件位置如图 4-4～图 4-7 所示。

丰田氢燃料电池汽车 Mirai 是丰田第一款量产的燃料电池汽车，Mirai 的内部有两个氢气储气罐，可以存储 70MPa 的氢气，总重 87.5kg。一个气罐布置在后备厢靠前的位置，一个布置在后排座椅下面，这两个储气罐是由三层材料包裹制成，后排座椅椅背后方，有一块 1.6kWh 的机械轴封镍氢蓄电池组，用于存储车辆运行时燃料电池堆栈所产生的多余电力以及能量回收时的电力。在必要的时候，蓄电池可以同燃料电池堆栈同时向电机输出电力以增

❶　1bar＝100kPa。

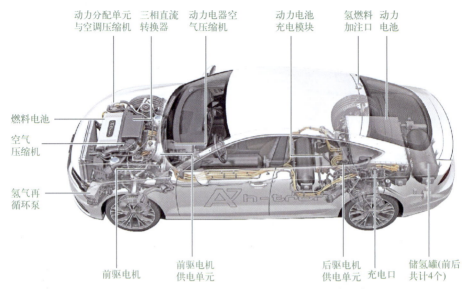

动力分配单元与空调压缩机　三相直流转换器　动力电器空气压缩机　动力电池充电模块　氢燃料加注口　动力电池

燃料电池
空气压缩机
氢气再循环泵

前驱电机　前驱电机供电单元　后驱电机供电单元　充电口　储氢罐(前后共计4个)

图 4-4　奥迪 A7 Sportback h-tron quattro 氢燃料汽车部件分布

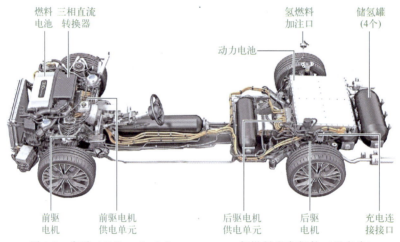

燃料电池　三相直流转换器　氢燃料加注口　储氢罐(4个)
动力电池

前驱电机　前驱电机供电单元　后驱电机供电单元　后驱电机　充电连接接口

图 4-5　奥迪 A7 Sportback h-tron quattro 氢燃料汽车部件（无车身）

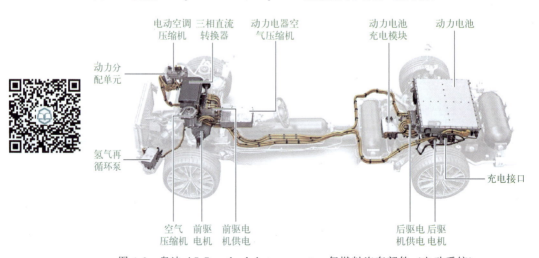

电动空调压缩机　三相直流转换器　动力电器空气压缩机　动力电池充电模块　动力电池

动力分配单元

氢气再循环泵

充电接口

空气压缩机　前驱电机　前驱电机供电　后驱电机供电　后驱电机

图 4-6　奥迪 A7 Sportback h-tron quattro 氢燃料汽车部件（电动系统）

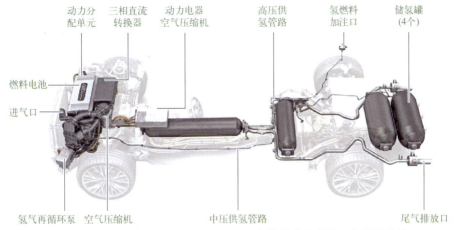

图 4-7　奥迪 A7 Sportback h-tron quattro 氢燃料汽车部件（氢燃料系统）

强车辆动力。Mirai 的燃料电池堆栈布置在前排座椅下面，最大输出功率 114kW（153PS）。该车关键部件位置如图 4-8 所示。

图 4-8　丰田 Mirai 氢燃料电动汽车关键部件位置

4.3　氢燃料汽车原理

以大众途观 HyMotion（FCEV）车型为例，该车采用燃料电池驱动。车辆以氢气作燃料，并从燃料电池模块为电动机获取电能。在该模块中，氢气转化为水以产生电能。根据操作模式，使用动力电池的充电电压用于驱动。

---

❶　1bar＝100kPa。

该车型没有安装附加的发动机，动力电池只能使用特殊的蓄电池充电器进行外部充电。除了高压系统，车辆还带有 12V 车载供电转换装置和 12V 车载供电蓄电池。该车高压部件连接如图 4-9 所示。氢燃料汽车工作原理如表 4-1 所述。

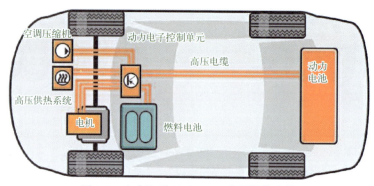

图 4-9　大众途观 HyMotion 高压部件连接

表 4-1　氢燃料汽车工作原理

模式	运行模式说明	能量与动力流传递线路
电动驱动	如果动力电池已充电，则可电动驾驶车辆。在这种情况下，燃料电池不再供给任何能量，而且不再消耗任何氢气	燃料电池停用；动力电池输出能量；电机作为驱动单元运行；动力电子控制单元
电动驾驶和充电	当动力电池在充电中需要燃料电池的能量时，燃料电池启用。用于驱动及动力电池充电的电能由燃料氢气和空气中氧气相互作用而得	燃料电池启用；动力电池充电中同时输出能量；电机作为驱动单元运行
再生制动	电动机专门用于再生性制动。在超限运转阶段，电动机用作交流发电机。它通过动力电子元件为动力电池充电	燃料电池停用；动力电池充电中；电机作为交流发电机运行

第5章

动力电源系统

5.1 电池基本结构与原理

5.1.1 电池的特性与分类

电池为蓄电池的简称，本书中的动力电池一般指可充电的为高压部件提供电源的大容量蓄电池，因此，动力电池有时也被称为"高压电池"。

蓄电池是电动车的心脏。动力电池通过电源插头等进行外部充电。它向动力电子单元直接供电。

动力电子单元将直流电压转化为交流电压并通过三条线路（U、V 和 W）向电动机/发电机供应三相交流电。在电机驱动下电动车开始运行。

动力电池是专门用来指向电动机/发电机供电的可充电蓄电池。动力电池典型电子数据（如标称电压、效率和能量密度）取决于用于能量存储媒介内部配置的化学物质的种类。

如果将锌棒和铜棒分别置于不同容器适当的电解溶液中，则两种金属会以不同速度向电解质中释放离子，电子将留在金属棒上。在一个容器中，溶液中有很多带正电的锌离子，锌棒上则留有许多电子。在另一个容器中，溶液中仅有少量正极铜离子，铜棒上也只有少量电子。如果现在将两个容器用离子桥相互连接起来，则会因不同的离子浓度而发生电荷交换。由于锌棒上聚集了过量电子，因此它将作为正极，而铜棒将作为负极。由于电子浓度不同，因此两者之间的电压可测。蓄电池工作原理如图 5-1 所示。

如果使用导线连接两个电极，则电子会从正极流向负极。该构造通常被称作原电池，是蓄电池最简单的形式。如果能量从蓄电池中释放，则正极转为负极。在可充电蓄电池中，相同的电极可作为正极或负极交替工作，取决于蓄电池正在充电还是正在放电。

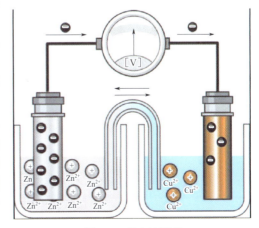

图 5-1 蓄电池原理

可充电蓄电池通过电极和电解质使用的材料进行分类。最常见的可充电蓄电池为铅酸、镍镉、镍氢和锂离子蓄电池。表5-1简要介绍了这些蓄电池及其主要特征。

表5-1 电池类型及其优缺点

蓄电池分类	特性描述	优点	缺点
铅酸电池	传统的12V车辆电子系统蓄电池。电极板使用铅和铅/铅氧化物制造,电解质是硫酸	—	铅酸蓄电池需要维护,这意味着需要加满蒸馏水以确保必要的电解质液位。铅酸蓄电池并不十分适合为纯电动车供能,因为能量密度低,要有同样的电池容量就需要更大的空间,总成也更重。这会降低电动车的承载能力。在某些情况下,铅酸蓄电池使用6年后就会损失大部分电容。如果损坏,电解质(酸)会泄漏
	这些蓄电池的电极采用镉(Cd)和镍合金制造。电解质为氢氧化钾溶液。因此该类蓄电池也被称作碱性电池	它们较铅酸蓄电池具有更高的能量密度,不易于损坏及发生电解质泄漏	镍镉蓄电池受记忆效应限制,无法完全应对深度放电或过度充电,因此,它不够高效。镉及镉化合物是有毒的
镍氢电池	这类蓄电池的电极采用镍化合物和另一种金属的化合物制造。电解质为氢氧化钾	它们较镍镉蓄电池拥有更高的能量密度,抗损伤程度更高。即使镍镉蓄电池不存在记忆效应,该类蓄电池也会在使用寿命中损失效率。这种效率损失在某种程度上是可逆的。镍氢蓄电池的一项优势是它们不含任何有毒重金属,如铅或镉。蓄电池中的电解质以固体形式存在。即使壳体破损,只会有少量液滴流出	—
锂离子电池	这是使用锂化合物作为其内部结构的新一代蓄电池。各种锂-金属氧化物和石墨被用来制造电极。锂盐的不同溶剂构成了电解质。锂离子蓄电池仅含少量水,没有记忆效用	与镍镉蓄电池相比,锂离子蓄电池的能量密度是其2倍还多。这意味着这种蓄电池在电动车中占用的空间更小,从而为乘员和行李厢留下了更大空间。可快速充电(锂离子半径小),无记忆效应	—
燃料电池	燃料电池是对交替驱动的一项发展。根据能量转换定律,燃料电池中发生的将化学能转换为电能的过程与发动机中的过程相似。燃料电池将"燃料"转换为输出的过程更加直接。因此,燃料电池的效率较发动机的效率更高。所以可以把燃料电池视作电机。 在发动机中,通过燃烧将储存在燃料分子中的化学能转化为热能。由此产生的热能可用于驱动变速箱或供给交流发电机。在发动机中,大量能量由于摩擦转化为热能。在燃料电池中,化学能转化为电能。与发动机不同,无须额外的交流发电机进行发电。使用的燃料是工业氢,它通过与空气中的氧气作用在燃料电池中变成水。氢比燃料中碳氢化合物所含的能量要少,但是氢更容易燃烧,且在能量转换过程中能量损耗小。此外,与发动机不同,燃料电池不会产生燃烧残渣或有害废气	—	—

5.1.2　电池封装形式

动力电池单体的封装形式常见的有圆柱体、方形金属壳（硬包）、方形铝塑（软包）等几种，如图 5-2 所示。

圆柱体　　　　　　金属硬包　　　　　　铝塑软包

图 5-2　常见的单体电池封装形式

新能源汽车的动力电池包可有多种封装形式，如 T 字形、土字形、条柱形与方块形等。以吉利星越 PHEV 车型为例，动力电池包总成安装于乘员舱下部，呈 T 字形排布，如图 5-3 所示。

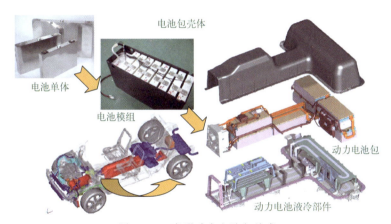

电池包壳体

电池单体

电池模组

动力电池包

动力电池液冷部件

图 5-3　T 字形动力电池包总成

广汽传祺 GA3S 动力电池系统布置在后排座椅底盘，由 8 个 M12 的固定螺栓固定，手动维护开关安装于右后排座下，需要拆下右后排座椅才能够进行拆装操作。

动力电池系统冷却方式为液冷，质量≤138kg，由 88 个三元锂电池单体电芯组装成 8 个模组，标称电压为 321V，正常电压范围为 250～369V，瞬时最大放电功率为 110kW。GA3S 动力电池模块组成形式如图 5-4 所示。

一般电动汽车上搭载的电池包，为由电芯（Cell）组装成为模组（Module），再把模组安装到电池包（Pack）里，形成了 "电芯-模组-电池包" 的三级装配模式。这种封装模式被称为 MTP，即模块型封装（Module Type Package），如图 5-5 所示。

CTP，即 Cell to Pack，是电芯直接集成为电池包，从而省去了中间模组环节。目前 CTP 有两种技术路线：一是采用完全无模组方式；二是以大模组替代小模组的方式。比亚迪是完全无模组技术方案的代表，2020 年 3 月，比亚迪发布刀片电池，率先推出 CTP 技术，其开发的长度大于 0.6m 的大电芯通过阵列的方式排布在一起，就像 "刀片" 一样插入到电池包里面，体积比能量增加 50%，成本下降 30%，续航里程达到 600km。CTP 封装就好比电池上盖板加电芯加底板的 "三明治" 电池包，如图 5-6 所示。

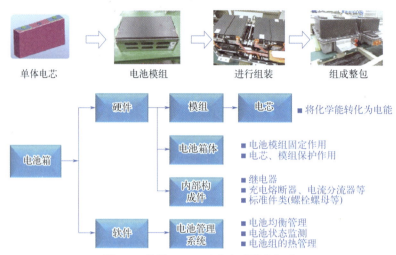

图 5-4　传祺 GA3S 动力电池模块组成

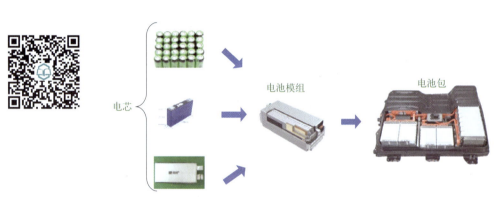

图 5-5　传统电池包封装形式（MTP）

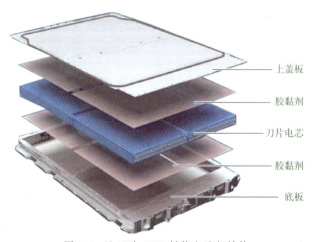

　　上盖板

　　胶黏剂

　　刀片电芯

　　胶黏剂

　　底板

图 5-6　比亚迪 CTP 封装电池包结构

　　另一种 CTP 方式是以大模组替代之前小模组，不是完全取消模组，而是把之前的小模组去掉侧板，用扎带连接起来，把模组做大，代表企业有特斯拉、宁德时代、蜂巢能源等。比如特斯拉 Model 3 标准续航版采用了 4 个来自宁德时代的大模组磷酸铁锂电池。

宁德时代（CATL）的 CTP3.0 麒麟电池如图 5-7 所示。CTP3.0 麒麟电池通过全球首创的电芯大面积冷却技术，通过在两块电芯的中间加入水冷板，使得相邻两块电芯的热传导效率降低，避免热失控的出现。同时，电池寿命相比传统的锂电池有了极大的提高。麒麟电池可支持 5min 快速热启动，并且支持 4C 充电，可 10min 快充至 80%。在电池安全性、能量密度及体积利用率等方面进一步提升，可使纯电动汽车轻松实现 1000km 续航。

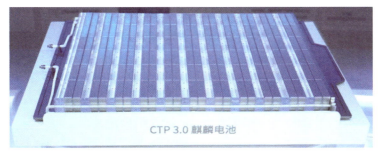

图 5-7　宁德时代发布的 CTP3.0 麒麟电池

比亚迪推出的车身电池一体化技术 CTB（Cell to Body）又叫"电池车身一体化技术"，CTB 技术可以提升电池包的体积能量密度和质量能量密度，可以提升安全性和操控性。以搭载 CTB 技术的比亚迪海豹为例，其车身扭转刚度达到了 40500Nm/（°），这不仅让整车安全性大大提升，车身刚性的提升也能让车辆的操控响应更灵敏。这种结构类似车身底板加电芯加托盘的"三明治"，形式如图 5-8 所示。

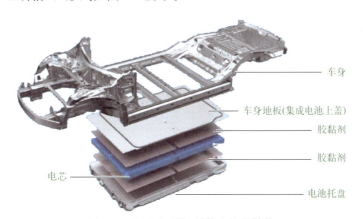

车身
车身地板(集成电池上盖)
胶黏剂
胶黏剂
电芯
电池托盘

图 5-8　比亚迪 CTB 封装电池包结构

2020 年 9 月，特斯拉在电池日上发布 4680 电芯尺寸及 CTC（Cell to Chassis）即"电池底盘一体化技术"；2022 年 4 月，零跑发布 CTC 电池底盘一体化技术；CTC 与传统电池安装方式的主要区别，在于取消了电池包上盖板或座舱地板，从而进一步简化车身线缆和结构件。不同厂家的处理方式略有不同，比如特斯拉的 CTC 方案是取消座舱地板，如图 5-9 所示，而零跑的 CTC 方案是取消电池包上盖板，如图 5-10 所示。特斯拉的 CTC 方案也称为 Structural Battery（结构电池），是采用 4680 电池，将车舱横梁和车内座椅都集成在电池包上。

一般来说，CTB 也是属于 CTC 的一种，从 MTP（Module to Pack）到 CTP 和 CTC，动力电池封装技术的演进过程如图 5-11 所示。

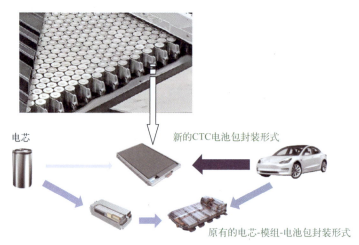

图 5-9　特斯拉汽车 CTC 封装形态

图 5-10　零跑汽车 CTC 电池封装形态

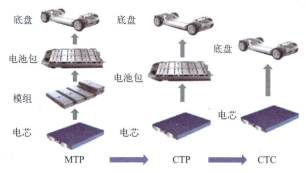

图 5-11　动力电池包封装技术的演变

5.1.3　磷酸铁锂电池

磷酸铁锂电池全名是磷酸铁锂锂离子电池，简称为磷酸铁锂电池。由于其性能特别适于作动力方面的应用，故多称为磷酸铁锂动力电池，也有把它称为"锂铁（LiFe）动力电池"的。磷酸铁锂动力电池是用磷酸铁锂（LiFePO$_4$）材料作电池正极的锂离子电池，它是锂离子电池家族的新成员。目前用作锂离子电池的正极材料主要有：LiCoO$_2$、LiMn$_2$O$_4$、LiNiO$_2$ 及 LiFePO$_4$。这些组成电池正极材料的金属元素中，钴（Co）最贵，并且存储量不多，镍（Ni）、锰（Mn）较便宜，而铁（Fe）最便宜。

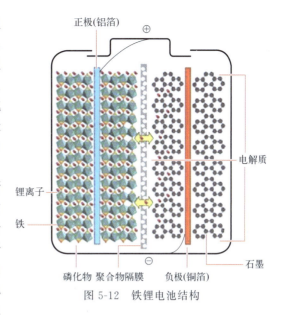

图 5-12　铁锂电池结构

LiFePO$_4$ 电池的内部结构如图 5-12 所示。左边橄榄石结构的 LiFePO$_4$ 作为电池的正极，由铝箔与电池正极连接，中间是聚合物的隔膜，它把正极与负极隔开，但锂离子 Li$^+$ 可以通过而电子 e$^-$ 不能通过，右边是由碳（石墨）组成的电池负极，由铜箔与电池的负极连接。电池的上下端之间是电池的电解质，电池由金属外壳密闭封装。LiFePO$_4$ 电池在充电时，正极中的锂离子 Li$^+$ 通过聚合物隔膜向负极迁移；在放电过程中，负极中的锂离子 Li$^+$ 通过隔膜向正极迁移。锂离子电池就是因锂离子在充放电时来回迁移而命名的。

磷酸铁锂电池具有工作电压高、循环寿命长、安全性能好、自放电率小、无记忆效应、生产成本低等优点；它的缺点是能量密度低、耐低温性能差、高低温充放电倍率存在较大差距。

"刀片电池"是比亚迪开发的长度大于 0.6m 的大电芯，通过阵列的方式排布在一起，就像"刀片"一样插入到电池包里面。一方面可提高动力电池包的空间利用率、增加能量密度；另一方面能够保证电芯具有足够大的散热面积，可将内部的热量传导至外部，从而匹配较高的能量密度。根据专利信息，该电芯可实现无模组，直接集成为电池包（即 CTP 技术），从而大幅提升集成效率。汉 EV 刀片电池组装的动力电池包内部形态如图 5-13 所示，部件分解如图 5-14 所示。

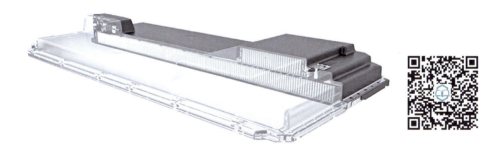

图 5-13　比亚迪汉 EV 所使用的刀片电池

比亚迪海豚车型搭载的也是刀片式铁锂电池，400km 版本电池包结构如图 5-15 所示。

5.1.4　三元锂电池

三元锂电池又称三元聚合物锂电池，三元锂电池的"三元"指的是包含镍（Ni）、钴（Co）、锰（Mn）或铝（Al）三种金属元素的聚合物（前三种组合简称 NCM，见图 5-16，后三种组合简称 NCA，见图 5-17），在三元锂电池中作正极。三者缺一不可，在电池内部发

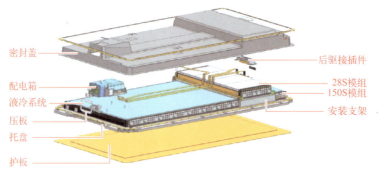

密封盖
配电箱
液冷系统
压板
托盘
护板

后驱接插件
28S模组
150S模组
安装支架

图 5-14 动力电池部件分解（汉 EV）

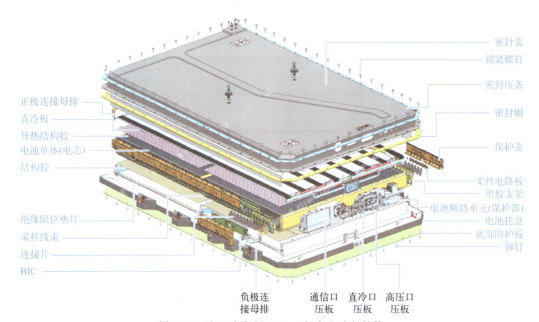

正极连接母排
直冷板
导热结构胶
电池单体(电芯)
结构胶

绝缘限位垫片
采样线束
连接片
BIC

负极连接母排
通信口压板
直冷口压板
高压口压板

密封盖
锁紧螺钉
密封压条
密封圈
保护盖
柔性电路板
塑胶支架
电池断路单元(保护器)
电池托盘
底部防护板
铆钉

图 5-15 比亚迪海豚 400km 版本电池包结构

图 5-16 宁德时代供奔驰 EQS 汽车的 NCM811 三元锂电池

图 5-17 松下供特斯拉电动汽车的 NCA 三元锂电池

挥着巨大的作用。镍的主要作用是提升电池的体积能量密度，是提升续航里程的主要突破口，但含量过多会导致镍离子占据锂离子位置（镍氢混排），导致容量下降。钴作用为抑制阳离子的混排，用以提升稳定性和延长电池的寿命，此外，也决定了电池的充放电速度和效率（倍率性能），但过高的钴含量会导致实际容量降低。钴是十分昂贵的稀有金属，成本高昂，锰或铝的作用在于降低正极材料成本，同时提升电池的安全性和稳定性。

三元锂电池最大优势在于电池储能密度高，其储能密度通常在 200W·h/kg 以上，相对磷酸铁锂的 90～120W·h/kg，更能满足乘用车市场对续航里程的需求，但是三元锂电池材料分解温度在 200℃ 左右，它会释放氧分子，在高温作用下电解液会迅速燃烧，引发电池自燃和易爆风险，因此它对电池安全管理要求很高，需要做好过充保护（OVP）、过放保护（UVP）、过温保护（OTP）和过流保护（OCP）等防护措施。

5.1.5　镍氢电池

镍氢（NiMH）蓄电池的单电池的源电压是由电极上过量的带电氢粒子产生的。镍氧氢化合物（氢氧化镍）用作正电极。负电极由能对氢进行可逆存储的金属合金组成。镍氢电池内部结构如图 5-18 所示。

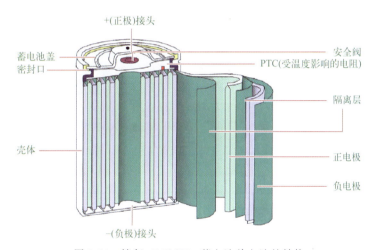

图 5-18　镍氢（NiMH）蓄电池单电池的结构

充电过程中，氢粒子从负电极迁移至正电极，并吸附在电极材料上。放电过程相同，但顺序相反。

镍氢（NiMH）蓄电池的单电池采用了两个安全机制。PTC 电阻器可限制高温时的电流，安全阀可以受控方式释放蓄电池的单电池中产生的过高压力。

镍氢电池电解液为不可燃的水溶液，比热容、电解质蒸发热相对较高，而能量密度相对较低，即使发生短路、刺穿等极端异常情况，电池温升小，也不会燃烧。

在低温地区，如日本北海道、加拿大，室外温度在 0℃ 以下，镍氢电池也能正常充放电，不会存在安全隐患。此外，镍氢电池的产品质量控制难度也相对比较低，因制造过程导致缺陷的可能性很小。所以对电池电量要求不高的普通混动车型，大多都选择使用镍氢电池。除了丰田旗下的卡罗拉-雷凌双擎、凯美瑞双擎、普锐斯，雷克萨斯 CT200H、ES300H，本田思域 HEV、INSIGHT 英赛特、CR-Z 等混动车型，其他使用镍氢电池的混合动力车辆还有福特汽车的 Ford Escape、雪佛兰的 Chevrolet Malibu。

第一代丰田普锐斯/Prius（代号 NHW10/NHW11）（1997～2003 年）作为全球第一款量产的混动车型，搭载型号 1NZ-FXE 的 1.5L 直列四缸自然吸气发动机和一台 288V 永磁交流电动机，其中汽油机最大功率 58PS，最大转矩 102Nm，电动机最大功率 29kW（约合 40PS），最大转矩 305Nm，配备 ECVT（电控无级变速箱）变速箱，镍金属氢化物（镍氢）电池组作为电力源（安装位置见图 5-19），丰田将这套油电混合动力系统称之为"THS"，即 Toyota Hybrid System（丰田混合动力系统）。截至 2003 年，第一代普锐斯在全球 20 多个国家共售出 12.3 万辆。

第一代普锐斯所用镍氢电池包

图 5-19　第一代丰田普锐斯剖视图

第二代丰田普锐斯（代号 NHW20）（2003～2011 年）由三厢车变为五门掀背造型，继续沿用型号 1NZ-FXE 的 1.5L 四缸自然吸气发动机，此发动机具有 VVT-i 可变正时气门技术，最大功率 77PS，最大转矩 115Nm，500V 电动机最大功率 50kW（约合 68PS），最大转矩 400Nm，混合动力净功率 112PS，配备 ECVT 无级变速箱。第二代 Prius 配备了全电动空调压缩机，此外还使用了电动转向系统。如图 5-20 所示配备了尺寸更小且重量更轻的镍氢电池组，丰田在北美市场给这套电池组提供 10 万英里（约合 16.1×10^4 km）内或 8 年是保修期。2005 年 12 月，一汽丰田长春工厂开始投产第二代 Prius，国产后的 Prius 采用音译名称普锐斯。截至 2011 年停产，第二代 Prius 在全球 40 多个国家共售出 119.2 万辆。

第三代丰田普锐斯（代号 ZVW30）（2009 年～）沿用了上一代车型的造型设计，车顶配备了丰田和京瓷共同研发的太阳能板，用以在夏天收集足够的电能来启动空调等电子设备。后轮的鼓式制动已升级为盘式制动系统。型号 2ZR-FXE 的 1.8L VVT-i 四缸汽油机取代了原先的 1.5L 发动机，最大功率 99PS，最大转矩 142Nm，650V 电动机最大功率 60kW（约合 81PS），最大转矩 207Nm，混合动力最高输出功率 100kW（约合 135PS），传动系统依然配备了一台 ECVT 电控无级变速箱。采用电子水泵，这也让它成为第一款全车无须带传动的量产车型。丰田在 2011 年将代号 ZVW35 的 Prius PHV 插电式混动车型推向市场，该车百公里油耗进一步降至 2.2L，CO_2 的排放降至 49g/km。2012 年 2 月，国产第三代普锐斯正式上市，从 2009 年诞生以来，第三代 Prius 全球销量已达 168.8 万辆。

第四代丰田普锐斯（代号 ZVW50）（2015 年～）基于丰田全新的 TNGA 平台打造（丰田在 2016 年 12 月正式发布了全新 TNGA 全球架构平台之后，第四代普锐斯则成为了该平台下的首款车型），曾经占用一部分后备厢空间的电池组被移到了后座下方，仍沿用那台代号 2ZR-FXE 的 1.8L 自然吸气四缸发动机，提供 2WD 及 E-Four 四轮驱动两种车型可选，

镍氢电池组
全封闭镍氢(Ni-MH)电池组
成，电压大约为直流200V左右，位于
后备厢内后排座位下方。

动力电池模块
2009款：1.2V×6格×28块等于201.6V

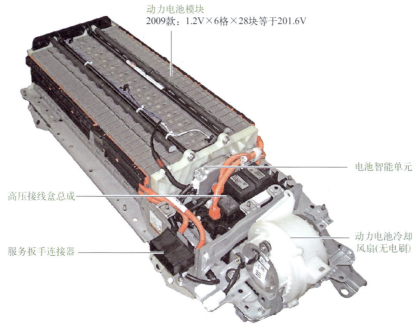

电池智能单元

高压接线盒总成

动力电池冷却
风扇(无电刷)

服务扳手连接器

进气管道

高压电池冷却风扇

排气管道

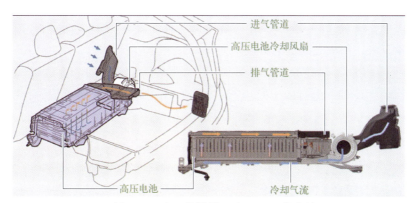

高压电池

冷却气流

图 5-20　丰田普锐斯（THS 二三代产品）

其中 E-Four 车型的后轴另配有一具可输出 72PS、55kgf❶ 最大动力的电机，可辅助引擎或前电机输出动力，并让新款普锐斯具备电动四驱的能力。第四代普锐斯提高了电池的输出功率，辅助行驶时，能提供更强的动力，充电时也能承受更大的电流。新车根据车型等级使用

❶　1kgf＝9.80665Nm。

不同的电池，见图 5-21。E、A、A Premium 配备的是锂离子电池，S 和 4 轮驱动车型都配备的是镍氢电池。锂离子电池组的质量为 24.5kg，而镍氢电池的电池组为 40.3kg。

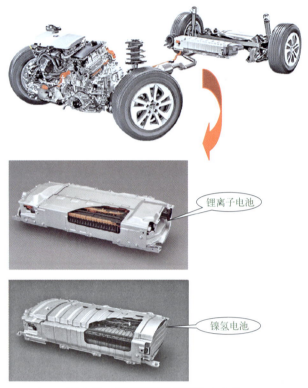

图 5-21 第四代普锐斯用动力电池

5.1.6 燃料电池

燃料电池本质是水电解的"逆"装置，主要由三部分组成，即阳极、阴极、电解质。其阳极为氢电极，阴极为氧电极。通常，阳极和阴极上都含有一定量的催化剂，用来加速电极上发生的电化学反应。两极之间是电解质，如图 5-22 所示。

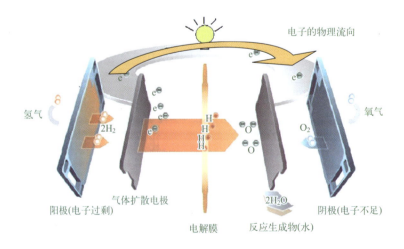

图 5-22 燃料电池基本结构与原理

以质子交换膜燃料电池（PEMFC）为例，其工作原理如下（见图 5-23）：氢气通过管道或导气板到达阳极；在阳极催化剂的作用下，1 个氢分子解离为 2 个氢质子，并释放出 2 个电子，阳极反应为：$H_2 \longrightarrow 2H^+ + 2e^-$。在电池的另一端，氧气（或空气）通过管道或导气板到达阴极，在阴极催化剂的作用下，氧分子和氢离子与通过外电路到达阴极的电子发生反应生成水，阴极反应为：$1/2O_2 + 2H^+ + 2e^- \longrightarrow H_2O$ 总的化学反应为：$H_2 + 1/2O_2 \Longrightarrow H_2O$，电子在外电路形成直流电。因此，只要源源不断地向燃料电池阳极和阴极供给氢气和氧气，就可以向外电路的负载连续地输出电能。

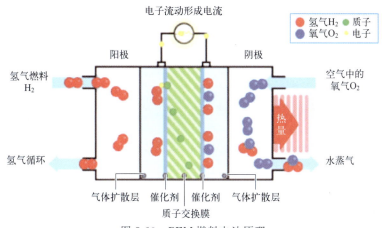

图 5-23 PEM 燃料电池原理

5.2 电池温度管理系统

5.2.1 液冷系统

电动汽车的动力电池包在快速充放电的过程中会产生大量的热量，如果不能及时有效地解热，不仅会影响电池的效能，同时会对车辆的使用安全形成威胁。于是，动力电池包都设计有专门的冷却电路，现在的电动汽车一般通过液冷的方式利用冷却液流通带走电池包的热量。以比亚迪秦 EV 和 e5 车型为例，其电池包内部结构如图 5-24 所示。

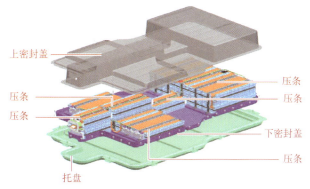

图 5-24 动力电池包内部结构

电池包内部冷却水管结构与安装形式如图 5-25 所示。

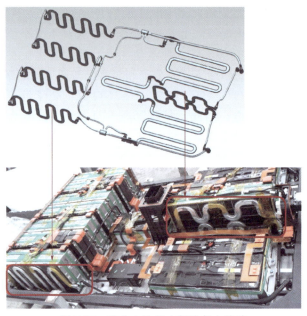

图 5-25 动力电池包内部冷却水管路

水冷系统工作原理图如图 5-26 所示，不同控制模式下各执行部件工作状态如表 5-2 所示。

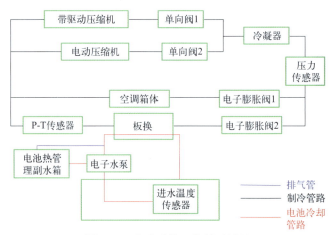

图 5-26 水冷系统工作循环原理

表 5-2 不同控制模式执行部件工作状态

不同模式控制	电子膨胀阀 1	电子膨胀阀 2	电子水泵
制冷工作模式	打开	关闭	关闭
电池冷却模式	关闭	打开	工作
制冷电池冷却模式	打开	打开	工作

5.2.2 风冷系统

除了现在新能源汽车通用的液冷方式以外，早期的油电混动汽车搭载的镍氢电池，大都是利用风冷的形式通过空气流动来给动力电池散热，如丰田、本田、日产、通用、奥迪等汽车厂商生产的混合动力汽车。

以卡罗拉-雷凌 HEV 车型为例，在反复的充电和放电循环过程中，动力电池产生热量，为确保其性能正常，HV 蓄电池采用了专用冷却系统，冷却形式及部件如图 5-27 所示。

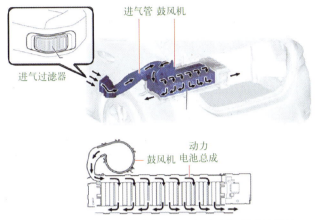

图 5-27　丰田卡罗拉-雷凌 HEV 电池冷却形式及部件

动力电池总成主要包括动力电池（蓄电池模块）、动力电池温度传感器、动力电池进气温度传感器、混合动力蓄电池接线盒总成、蓄电池冷却鼓风机总成、蓄电池智能单元（蓄电池电压传感器）和维修塞把手等部件，相关部件位置见图 5-28。

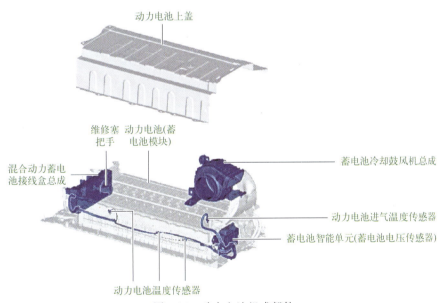

图 5-28　动力电池组成部件

动力电池采用塑料容器型单格，因此，其具有卓越的大功率密度、轻量化结构和较长使用寿命。采用蓄电池冷却鼓风机总成作为专用冷却系统，确保了动力电池的正常工作，从而不受其在反复充电和放电循环过程中产生的大量热量的影响。

5.2.3　加热系统

在寒冷地区，低温的气候会影响电池的活性，从而影响其充放电性能，在这个时候需要给电池包加热，使其保持在适宜的温度区间。于是，有的电动汽车专门设计了电池加热系统，如图 5-29 所示为比亚迪的电池加热器安装位置。电池加热器以串联的方式布置在冷却加热系统回路中。由电池管理系统（BMS）根据电池需求发送请求启动加热指令，加热器根据指令启动加热功能。

加热器配置有专门的保险，其位置如图 5-30 所示。

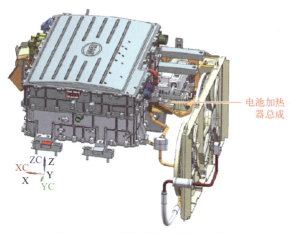

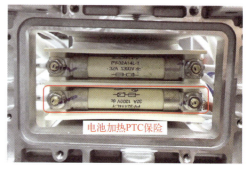

图 5-29　比亚迪电池加热器安装位置　　　　图 5-30　电池加热 PTC 保险

电池加热 PTC 冷却液循环如图 5-31 所示。

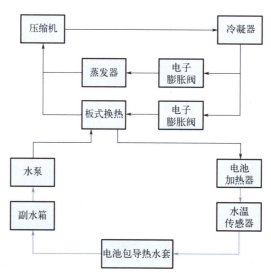

图 5-31　电池加热 PTC 冷却液循环回路

5.3　电池充电系统

5.3.1　高压充电方式

电动汽车的充电系统一般有交流和直流两种充电方式，交流充电也叫慢充，因为车载充电机安装空间和制造成本的原因，有些厂商已经有取消交流充电功能的趋势。交流充电主要是通过交流充电桩、壁挂式充电盒以及家用供电插座接入交流充电口，通过高压电控总成将交流电转为直流高压电给动力电池充电。直流充电也叫快充，公共场所和高速服务区等地安装充电站一般是这种类型。直流充电主要是通过充电站的充电柜将直流高压电直接通过直流充电口给动力电池充电。

　　有的电动汽车的交流充电口安装在车辆 LOGO 处，如图 5-32 所示，直流充电口安装在车身左后侧（位置和外观类似燃油车的油箱口盖），也有的车型交流、直流充电口都布置在一起，如图 5-33 所示为比亚迪 e5 交流与直流充电口位置。充电时，根据选择的充电类型，连接交流充电插头或者直流充电插头到相应的充电插座，连接正确后开始充电。充电口连接后形成检测回路，当出现连接故障时，VCU 可以检测该故障。

图 5-32　交流充电连接方式（江淮 iEV7S）

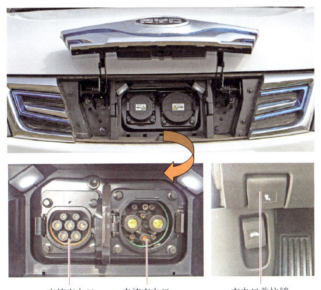

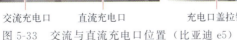
交流充电口　　直流充电口　　　　　充电口盖拉锁

图 5-33　交流与直流充电口位置（比亚迪 e5）

　　充电口的端子连接定义，以比亚迪 e5 为例，如图 5-34 所示。

　　交流充电控制（流程图如图 5-35 所示）：当 VCU 判断整车处于充电模式时，吸合 M/C 继电器，根据动力电池的可充电功率及车载充电机的状态，向车载充电机发送充电电流指令。同时，车载充电机吸合交流充电继电器，VCU 吸合系统高压正极继电器和高压负极继电器，动力电池开始充电。

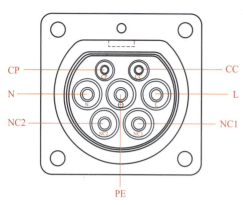

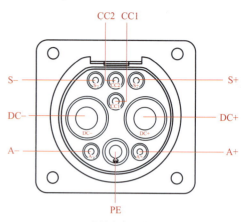

(a) 交流充电口端子

L—A相；NC1—B相；NC2—C相；
N—中性线；PE—地线；
CC—充电连接确认；
CP—充电控制

(b) 直流充电口端子

DC+，DC-—直流充电正、负极；
A+，A-—低压辅助电流正、负极；
CC1—车身接地(1kΩ±30Ω)；CC2—直流
充电感应信号；S+—通信线，CAN(H)；
S-—通信线，CAN(L)；PE—地线

图 5-34　交直流充电端子定义

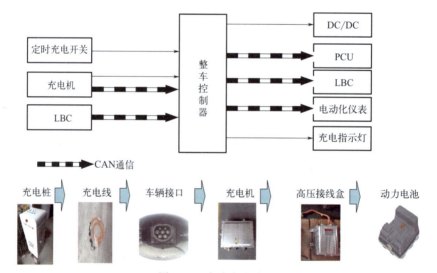

图 5-35　交流充电流程

　　直流充电控制（流程图如图 5-36 所示）：当直流充电设备接口连接到整车直流充电口时，直流充电设备发送充电唤醒信号给 VCU，VCU 吸合 M/C 继电器，根据动力电池的可充电功率及车载充电机的状态，向直流充电设备发送充电电流指令。同时，VCU 吸合直流充电继电器、系统高压正极继电器和高压负极继电器，动力电池开始充电。

　　以江淮新能源车型为例，交流充电与直流充电的连接电路如图 5-37 所示。

5.3.2　低压充电方式

　　新能源汽车中低压蓄电池的充电由 DC/DC 转换器完成。

　　DC/DC 转换器的作用是将动力电池的高压电源降压为 12V，其功用有两个：一是电池电压在使用过程中不断下降，用电器得到的电压是一个变化值，而通过 DC/DC 转换器后用

电器可以得到稳定的电压；二是给辅助蓄电池补充电能。其在新能源汽车中的角色就相当于
传统汽车中的发电机，电路原理如图 5-38 所示。

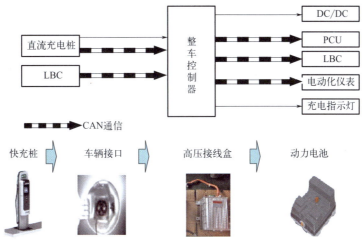

图 5-36　直流充电流程

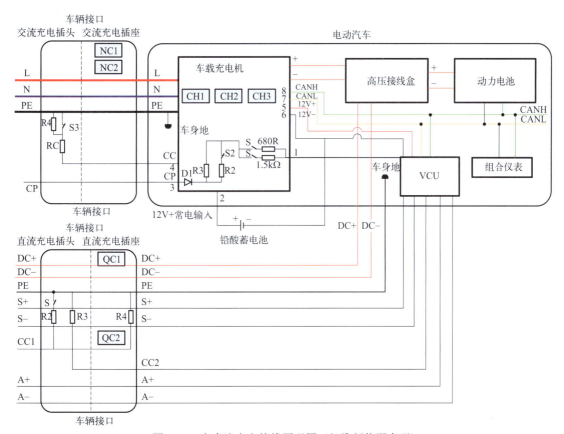

图 5-37　交直流充电接线原理图（江淮新能源车型）

车辆静置时间超过 60h，VCU 控制 DC/DC 给 12V 蓄电池充电 15min。

以下任意一个条件满足，退出 12V 自动充电功能，且远程智能终端计时将清零：

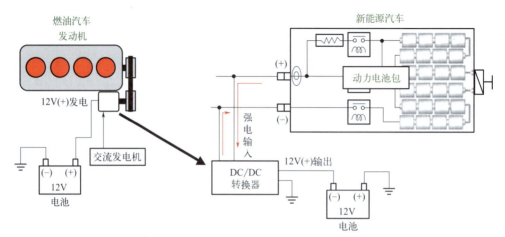

图 5-38　电动汽车 DC/DC 转换器与传统汽车发电机功能对比

——钥匙置于"ON"挡或旋至"START"挡。

——开始直流或交流充电。

——开启远程空调或远程充电。

提示：当 12V 蓄电池正在自动充电时，上电开关开启或关闭，12V 蓄电池自动充电将停止。

5.3.3　充配电总成

在早期的电动汽车上，充电系统与配电系统部件属于分立元件，如车载充电机和高压配电箱都单独布置的。随着技术的进步，电动汽车上的电控总成集成度越来越高，如比亚迪 e5 与秦 ev300 的电控总成就集成了 VTOG、高压充放电及配电系统、DC/DC 转换器等功能部件，如图 5-39 所示。

高压配电箱的功用是将电池包的高压直流电分配给整车高压电器使用，其上游是电池包，下游包括双向交流逆变式电机控制器（VTOG）、DC/DC、PTC 水加热器、电动压缩机、漏电传感器等部分；同时，也将 VTOG 和车载充电器的高压直流电分配给电池包。配电箱由铜排连接片、接触器、霍尔电流传感器、预充电阻等构成。动力电池包正、负极输入接触器吸合、断开由电池管理器控制。如图 5-40 所示，从左至右依次为：放电主接触器、交流充电接触器、直流充电正极接触器、直流充电负极接触器、预充接触器。

秦 ev 与 e5 的"四合一"高压电控总成，集成双向交流逆变式电机控制器模块、车载充电器模块、DC/DC 变换器模块和高压配电模块，另外内部还装有漏电传感器。其主要功能如下：控制高压交/直流电双向逆变，驱动电机运转，实现充、放电功能（VTOG、车载充电器）；实现高压直流电转化低压直流电，为整车低压电器系统供电（DC/DC）；实现整车高压回路配电功能以及高压漏电检测功能（高压配电模块、漏电传感器）；实现 CAN 通信、故障处理记录、在线 CAN 烧写以及自检等功能。

VTOG 主要包含控制板、驱动板、采样板、泄放电阻、预充电阻、霍尔电流传感器、接触器等元器件，内部结构如图 5-41 所示。它除了有电机驱动控制功能之外，还具备充放电功能，可以实现交、直流转换，双向充、放电控制功能；自动识别单相、三相相序并根据充电电流控制充电方式，根据充电设备识别充电功率，控制充电方式；断电重启功能在电网断电又供电时，可继续充电。车辆具有对电网放电功能、对用电设备供电功能及对车辆充电功能，即 VTOG、VTOL 和 VTOV。

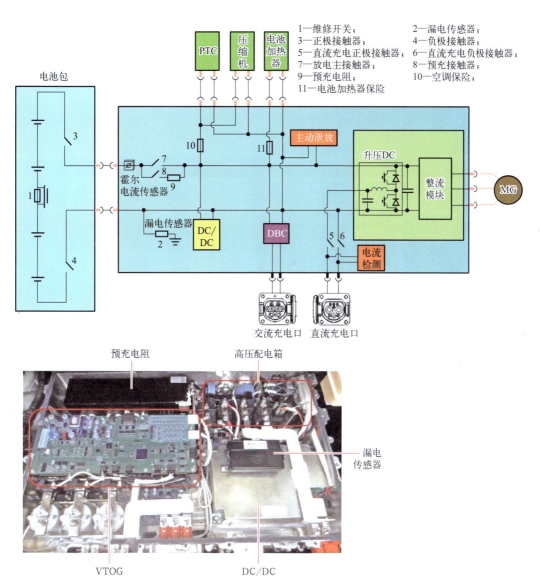

1—维修开关；　　　　　2—漏电传感器；
3—正极接触器；　　　　4—负极接触器；
5—直流充电正极接触器；6—直流充电负极接触器；
7—放电主接触器；　　　8—预充接触器；
9—预充电阻；　　　　　10—空调保险；
11—电池加热器保险；

图 5-39　比亚迪 e5/秦 ev 充配电总成电路与结构

图 5-40　高压配电箱接触器布置

车载充电器（On-Board Charger）简称 OBC，它的作用是将交流充电口传递过来的（220V/50Hz）交流电转换为直流高压电为动力电池充电，安装位置如图 5-42 所示。3.3kW 功率以内的单相交流充电均是通过 OBC 进行的，而功率大于 3.3kW 的交流充电（含单相和三相交流）是通过 VTOG 进行的。小功率充电时，OBC 的效率要高于 VTOG。

图 5-41　VTOG 内部结构

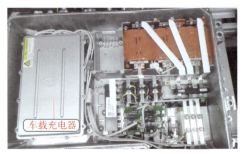

图 5-42　车载充电器安装位置

5.4　电池管理系统

5.4.1　集中式电池管理系统

以比亚迪 e6 车型为例，该车采用集中式电池管理器。动力电池包每个单体 3.3V、共 96 个单体，电池包标称电 316.8V，容量 180Ah，一次充电 57kWh。组成：共有 96 个单体，电压采样线 1 条，温度采样线 1 条，托盘 1 个。集中式管理电池包接口线连接如图 5-43 所示。

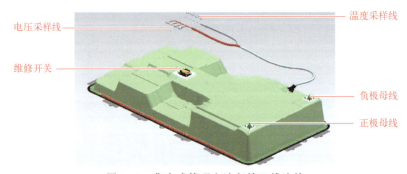

图 5-43　集中式管理电池包接口线连接

E6 电池管理系统采用集中式电池管理器系统（Battery Management System，简称 BMS）是电动汽车电池系统的参数测试及控制装置，具有安全预警（温度、电压、漏电、碰撞）与控制、剩余电量估算与指示、充放电能量管理与过程控制、信息处理与通信等主要功能。管理模块安装位置见图 5-44。

以小鹏 P7 电动汽车为例，该车的电池管理系统（BMS）包含 2 种电子模块（BMU、HV_CSU），其中 BMU 集成了电芯电压采集、模组温度采集、均衡控制等功能，为集中式

BMU。电池管理系统原理框图如图 5-45 所示，BMU 功能描述见表 5-3。

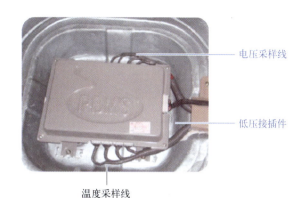

图 5-44　管理模块安装位置

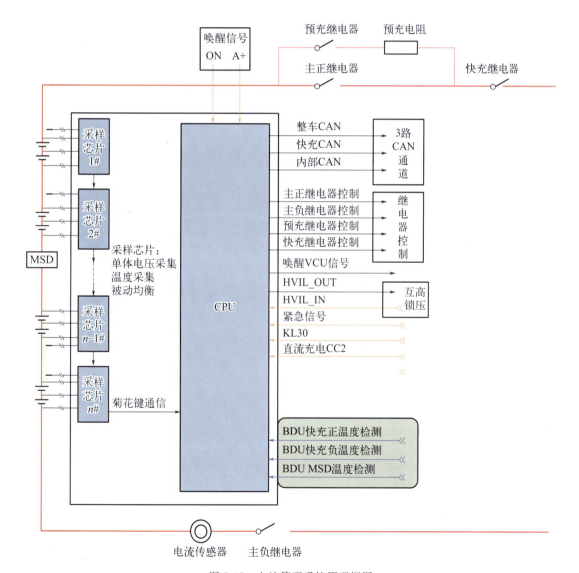

图 5-45　电池管理系统原理框图

表 5-3　BMU 功能表

序号	功能	描述
1	剩余容量估算	估算电池剩余容量
2	剩余能量估算	估算电池剩余能量
3	SOE 估算	估算电池
4	SOC 估算	估算电池电荷状态
5	寿命估算	估算电池健康状态
6	可用功率计算	计算电池可用功率
7	充电管理	对电池充电过程进行管理
8	高压管理	控制高压输出
9	低压管理	控制电池管理系统唤醒与休眠
10	高压互锁检测	检测电池系统高压互锁状态
11	通信功能	带三路 CAN 通信功能
12	绝缘测量	测量电池绝缘阻值及绝缘状态
13	故障诊断	对故障进行诊断并处理
14	单体电压采集	测量每一串电池电压
15	温度采集	对每个模组的温度进行测量
16	被动均衡功能	可对电芯电压进行均衡
17	总电压测量	测量电池系统总电压
18	电流测量	测量电池系统母线电流

5.4.2　分布式电池管理系统

以比亚迪 e6 车型为例，动力电池采用分布式管理器，负责整车电动系统的电力控制并实时监测高压电力系统的用电状态，采取保护措施，保证车辆安全性。主要作用：动力电池状态监测、充放电功能控制、预充控制。

分布式电池管理器相比集中式电池管理器的优势：

① 结构更加优化、智能，原来电压、温度采样线现在已经被替代；

② 布置更加合理，上位机的体积减小，有利于整车空间的充分利用，便于布置；

③ 性能更加完善，增加下位机采集器后，能够更加精确地控制电池的电压，通过均充均放保证单体的一致性，提高电池性能；

④ 整车更加安全，在电池内部增加继电器和保险，不仅保证了电池包本身的安全，同时也为整车提供了安全保障；

⑤ 电压采样线和温度采样线走线比较方便，固定比较容易；

⑥ 分布式电池管理器的防水等级更高（IP67），而且安装的位置比较高，更加可靠；

⑦ 安全性更好，集中式的电压采样线从电池包直接引出到电池管理器，线束破损或者接插件进水则容易产生安全隐患，还容易使电池管理器短路烧毁。

比亚迪 e6 分布式电池管理控制器安装位置如图 5-46 所示。

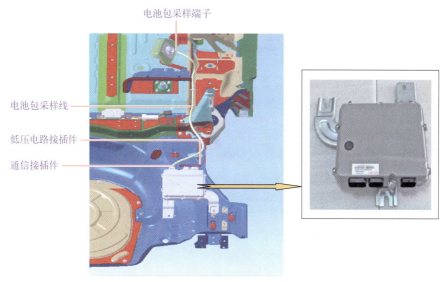

电池包采样端子

电池包采样线

低压电路接插件

通信接插件

图 5-46 比亚迪 e6 分布式管理器安装位置

5.5 高压配电系统

5.5.1 分立式系统

高压配电箱总成主要是通过对接触器的控制来实现将动力电池的高压直流电供给整车高压电器，以及接收车载充电器或是非车载充电器的直流电来给动力电池充电；同时含有其他的辅助检测功能，如电流检测、漏电监测等。早期上市和一些中低端的新能源汽车的高压配电系统多为单个总成，以比亚迪第一代唐 DM 车型为例，高压配电箱实物如图 5-47 所示。

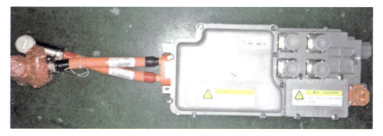

图 5-47 唐的高压配电箱

高压配电箱功能如表 5-4 所述。

表 5-4 高压配电箱功能

项目	功能	描述
1	高压直流输出（放电）	通过电池管理器控制预充接触器、主接触器等吸合，使放电回路导通，为前后电机控制器、空调负载供电
2	车载充电器单相充电输入	通过电池管理器控制车载充电接触器吸合，使车载充电器充电回路导通，为动力电池充电

项目	功能	描述
3	电流采样	通过霍尔电流传感器采集动力电池正极母线中的电流,为电池管理器提供电流信号
4	高压互锁功能	通过低压信号确认整个高压系统盖子及高压接插件是否已经完全连接,现设计为3个相互独立的高压互锁系统:①驱动系统(串接开盖检测);②空调系统;③充电系统

唐高压配电箱外部连接如图 5-48 所示,内部结构见图 5-49、图 5-50。

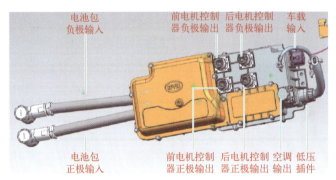

图 5-48　唐高压配电箱外部连接

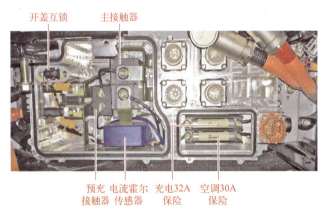

图 5-49　高压配电箱内部结构(一)

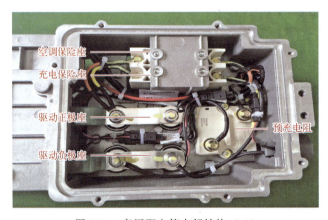

图 5-50　高压配电箱内部结构(二)

以科莱威 CLEVER 电动汽车为例，高压配电单元（PDU）位于前舱中，固定在高低压集成充电模块上方。高压配电单元是高压系统的配电中心，主要作用是将经由 PDU 的动力电池的电能传输到电加热器、电空调压缩机、高低压集成充电模块以及 PEB。同时，慢速充电口通过 PDU 给动力电池充电。高压电源系统部件如图 5-51 所示。

图 5-51　科莱威 CLEVER 高压电源系统

1—高低压充电集成模块高压线束；2—高压配电单元；3—慢速充电口；4—电力电子箱高压线束和电驱动变速器；5—电加热器高压线束；6—电空调压缩机高压线束；7—主高压线束

高压配电系统电路连接如图 5-52 所示。

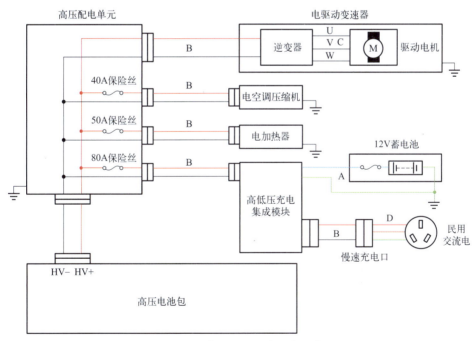

图 5-52　高压配电系统连接电路

A—低压电；B—高压直流电；C—高压交流电；D—民用高压交流电

5.5.2　集成式系统

集成式系统对功能模块进行高度集成，达到提高空间利用率、降低成本、减轻重量等目的。比亚迪第三代电动平台所搭载的八合一电动总成是全新开发的一款纯电动动力总成，总成集成了电机、变速器、电机控制器、PDU、DC/DC、Bi-OBC、VCU、BMS 等模块。以元 Plus 车型为例，该电控总成结构如图 5-53 所示。

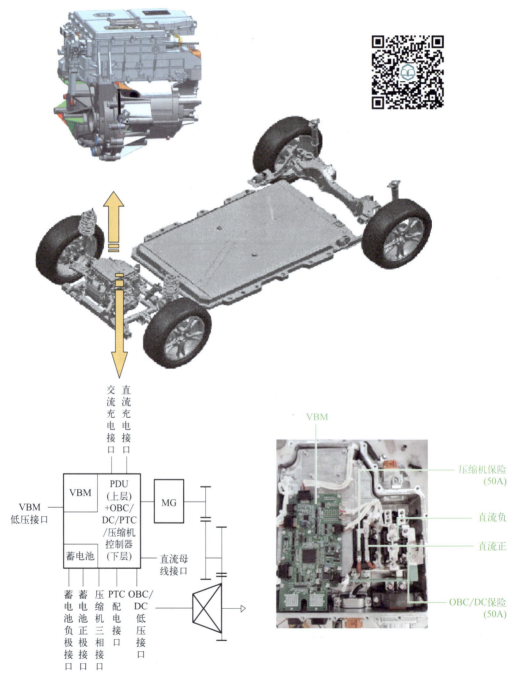

图 5-53　元 Plus 集成式电控总成部件结构

高压配电盒是将动力电池的高压直流电分别分流到前电机控制器、电动空调压缩机以及采暖水加热器，并在相关线路上设置熔断器，防止单个高压部件故障造成高压回路其他部件损坏，同时保证动力电池的安全。小鹏 P7 采用集成配电功能的车载电源三合一模块，高压配电盒安装位置如图 5-54 所示，配电电路简图如图 5-55 所示。

图 5-54　小鹏 P7 高压配电系统部件
1—四驱高压配电箱；2—PTC 线束；3—ACP 线束；4—前电机线束

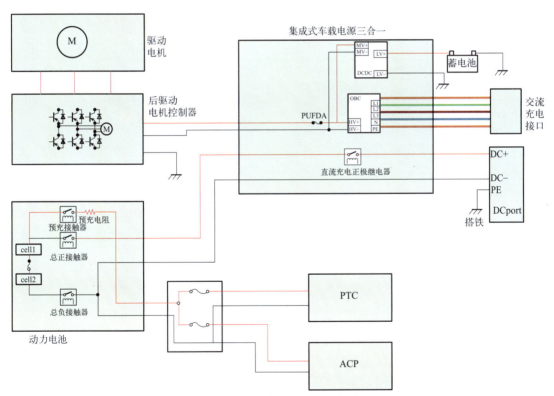

图 5-55　小鹏 P7 高压配电系统电路简图

5.6　能量回收系统

5.6.1　插电混动制动能量回收

混动汽车中，大多数的制动能量并非转换为无用的热能，而是转换成电流。这种电流临时存储在动力电池单元中，在后期可以根据需要输送至驱动系统。以宝马 X1 xDrive 25Le 车型为例，制动作用力存在以下类型：液压制动、再生制动、液压及再生组合制动。

制动作用力的分布示意见图 5-56。

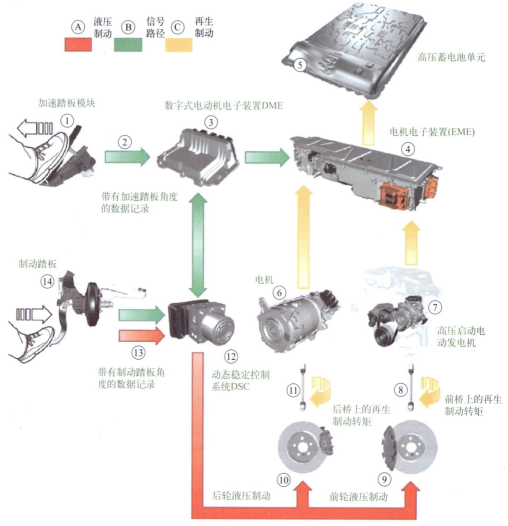

图 5-56 F49 PHEV 中液压制动和再生制动的分布示意图

判定再生制动等级主要有两个输入变量：加速踏板角度及制动踏板角度。如果数字电动机电子装置（DME）检测到加速踏板未按下，则要求电机电子装置（EME）在滑行模式下启用电机和高压启动电动发电机开始回收能量。

如果驾驶员额外踩下制动踏板，动态稳定控制系统（DSC）通过制动踏板上的制动踏板传感器检测到预期的减速度，并将信息传送至数字电动机电子装置（DME）。DME 计算电机及高压启动电动发电机在预期减速度下的能量回收功率。

在可能的情况下不使用车轮制动，直至达到 $1.1 \mathrm{m/s^2}$ 的最大可能再生减速度。但是，制动片作用于制动盘可以减少间距（备用快速制动），并保持制动盘的清洁。

动态稳定控制系统（DSC）中的改动用来解耦液压制动，从而启用再生制动实现能量回收。DSC 液压回路系统如图 5-57 所示。

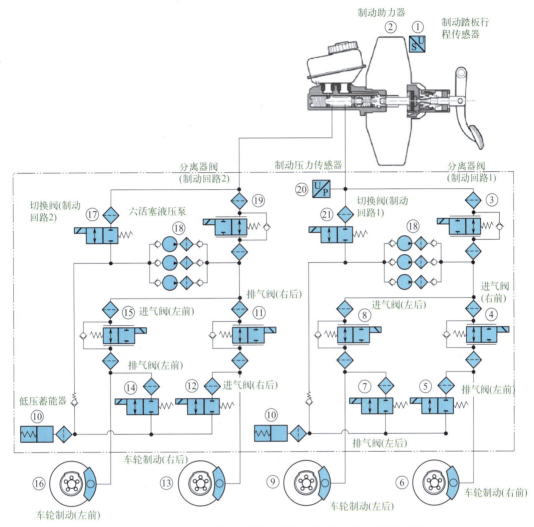

图 5-57 F49 PHEV 中 MK100 高端混动的 DSC 液压回路图

通过 F49 PHEV 的制动系统可以为再生制动提供更大的制动踏板行程。这种配置通过 DSC 液压控制单元中的智能功能序列启用。通过这种配置在再生制动中会有一种使用自然踏板的感觉，与常规汽车之间仅存在细微的差别。

如果后桥电机离合器打开（＞130km/h），滑行模式或制动过程中不存在通过电机提供的能量回收。在这种驾驶速度（＞130km/h）条件下，制动产生的能量完全被抑制，滑行模式下通过高压启动电动发电机进行能量回收。

能量回收在低速行驶时同样会降低，因此，速度低于 10km/h 时完全通过液压进行制动。否则电机会出现不规则减速，这种设置可以确保驾驶舒适性不受影响。在过渡阶段，再生制动功率降低，液压制动功率增加，以便确保平稳制动。再生制动的减少可通过液压制动进行无缝补偿，图 5-58 以车轮制动为例描述了 DSC 液压控制单元在再生制动过程中的工作流程。红色箭头表示在相关制动状况中的主要功能。

情形 A：再生制动

达到特定点前，制动踏板只能用来读取 DSC 控制单元发出的减速请求。制动液体积被串联制动主缸⑤抑制，与 DSC 单元中的低压蓄能器②集成为一体。排气阀⑧打开。通过制

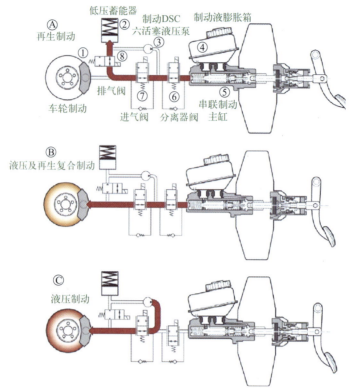

图 5-58　F49 PHEV 制动能量再生过程中的 DSC 功能

动踏板行程传感器读取驾驶员的制动要求，并通过 DSC 控制单元计算转化成制动转矩。该信息通过 FlexRay 数据总线传送至 DME。电机电子装置（EME）将制动转矩输送至后桥上的电机和汽油发电机中的高压启动电动发电机。制动片和制动盘之间的间隙降至最小，确保制动片的灵巧动作。

情形 B：液压和再生复合制动

如果在再生（交流发电机）模式下达到最大制动功率，并且制动踏板行程持续增加，则排气阀⑧闭合，并且不对蓄积的液压进行检查。电机和液压制动的效果在这种情况下相互叠加。

情形 C：抑制再生制动

再生制动在这种情形下被液压制动取代。因此，六活塞液压泵③将低压蓄能器②中收集的制动液输送至车轮制动①，并确保压力蓄积与当前的减速要求相对应。该回路通过分离器阀⑥闭合。驾驶员可以通过分离器阀⑥上的截止阀增加制动作用力。如果出现故障，再生制动效果立即终止，通过 DSC 单元中的六活塞液压泵立即产生必要的制动压力。

5.6.2　油电混动能量再生

以本田雅阁 FHEV 油电混动汽车为例，该车电动伺服制动用于在减速期间确保高效再生。其部件有一个踏板感觉模拟器和一个串联式电机气缸，见图 5-59。

当制动开始时，电动伺服会减少通过制动系统产生的制动转矩，并增加通过电机再生产生的制动转矩，从而再生能量。当车速下降时，通过制动系统产生的制动转矩增加，且通过电机再生产生的制动转矩减少，使总的制动转矩保持不变。理论上，制动片的使用寿命将延长。系统控制特性曲线如图 5-60 所示。

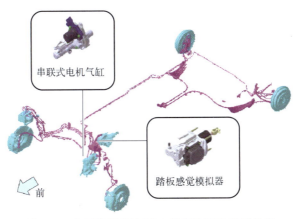

图 5-59　本田雅阁 FHEV 电动伺服制动系统组成

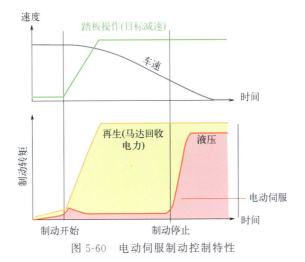

图 5-60　电动伺服制动控制特性

图 5-61 为组成电动伺服制动系统的部件。

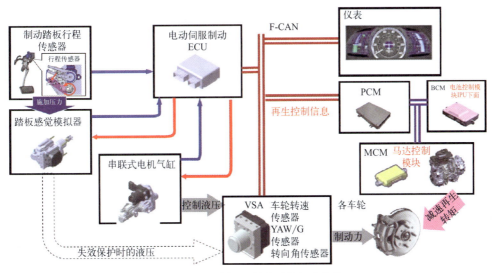

图 5-61　电动伺服制动系统组成部件

① 电动伺服制动运行（未踩下制动踏板时）：当在某个操作状态下（且电源开关开启）未踩下制动踏板时，VSA 的总泵切断阀（MCV）打开且踏板力模拟器侧的阀打开。

② 电动伺服制动运行（正常运行）：正常运行期间，MCV 关闭而踏板力模拟器阀（PFSV）打开。因此，踩下制动踏板所产生的制动机油压力不会传输到 VSA。踏板力模拟器会产生踩下制动踏板的虚拟感觉。VSA 作动时，同样有踏板反弹的感觉。控制原理见图 5-62。

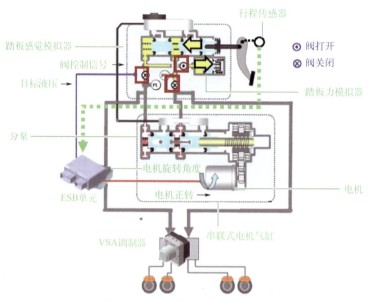

图 5-62　电动伺服制动正常模式

③ 电动伺服制动运行（正常运行）：旋转串联式电机气缸中电机的转矩通过齿轮箱转换为分泵中活塞的推力，从而对 VSA 调制器产生液压。产生的液压根据行程传感器的信号以 ESB 单元进行计算，并通过串联式电机气缸中电机的旋转角度控制。控制原理见图 5-63。

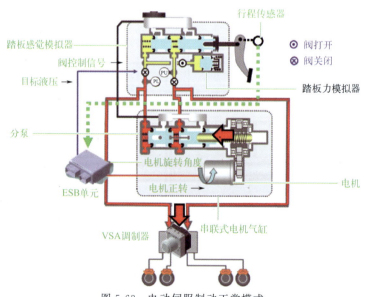

图 5-63　电动伺服制动正常模式

④ 电动伺服制动运行（再生联合控制）：再生联合控制期间，MCV 关闭而 PFSV 打开。ESB 单元根据潜在再生信息驱动串联式电机气缸中的电机，以降低 VSA 侧的液压，同时电机所产生的再生增加。控制原理见图 5-64。

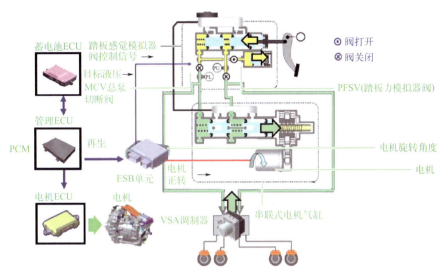

图 5-64　电动伺服制动再生模式控制原理

⑤ 电机伺服制动运行（失效保护期间）：失效保护期间，总泵切断阀（MCV）打开而 PFSV 关闭。踩下制动踏板所产生制动机油压力操作制动钳和鼓式制动器以产生制动力。控制原理见图 5-65。

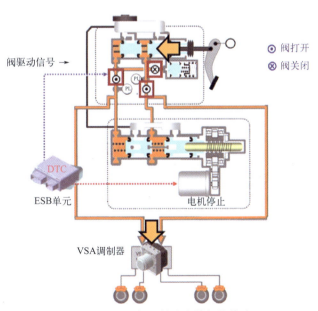

图 5-65　电机伺服制动失效保护模式

ESB（电动伺服制动）系统的启动和关闭，原理见图 5-66。电动伺服制动在接收到车门打开信号且电源开关为 OFF 或电源开关显示已转到 ON 时激活。电动伺服制动在电源开关为 OFF 的情况下车门打开后约 3min 或电源开关从 ON 转到 OFF 后约 3min 时自动关闭。

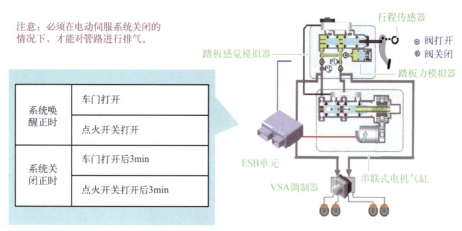

注意：必须在电动伺服系统关闭的情况下，才能对管路进行排气。

行程传感器
◎ 阀打开
◎ 阀关闭
踏板感觉模拟器
踏板力模拟器

系统唤醒正时	车门打开
	点火开关打开
系统关闭正时	车门打开后3min
	点火开关打开后3min

ESB单元
VSA调制器
串联式电机气缸

图 5-66　电动伺服制动激活与关闭

5.7　高压安全

5.7.1　新能源汽车高压安全策略

电动车辆一般可以使用如表 5-5 所示的安全策略来防范高压对人员和车辆造成的危害与不利影响。

表 5-5　电动汽车高压安全策略

策略	①线束和连接器的颜色代码	②安全标记与警示标签	③触电防护
说明	所有高压线束和连接器使用醒目的橙/黄/红色	所有高压电组件均带安全标记，所有高压电组件均标有警告标签。发动机舱锁支架上有额外的黄色高压警告	所有高压连接器均配备经过改进的触电防护组件（IPXXB＋、防触摸）。动力电池内部还提供触电防护
图例			

策略	④紧急断电连接	⑤互锁回路与绝缘电阻	⑥主动放电与被动放电
说明	紧急断电连接指的是动力电池包上的保养插头 TW 和保险丝架中的可快速拆卸的保险丝	为了提高所有高压连接器的触电防护效果，互锁线仅与保养插头 TW 连接，绝缘监测电阻对车身高压电势的电绝缘情况进行检测	高压系统紧急关闭后，例如撞车或打开保养插头 TW 后，高压系统将在 5s 内放电。所有高压组件的电路中都有电容器。被动放电可确保电压在组件与动力电池断开后 2min 内降到 60V 以下

续表

策略	④紧急断电连接	⑤互锁回路与绝缘电阻	⑥主动放电与被动放电
图例			

策略	⑦发生碰撞事故时高压切断	⑧监测高压继电器与短路测试	⑨动力电池防护标准 IP67
说明	发生无法排除高压电系统损坏的事故后,高压电系统将关闭并主动放电。许多高压电组件都安装在非常靠近车身外壳的位置,一旦检测到事故,高压电势会立即断开(通过烟火式断电),该动作不可以在维修车间复位,必须进行更换维修	每个高压继电器前后都有一个电压接头。如果非预期状态被识别为对其中一个高压继电器有影响,则高压电系统将停用,直到消除故障为止。如果在预充电过程中发生短路,则会将其隔离,并且不会激活高压系统。如果在高压电系统已经激活时检测到短路,则高压电系统将关闭	IPX6 的 6 表示固态(异物颗粒与灰尘)等级(共 6 级),为完全防止异物进入;IPX7 的 7 表示液态(油和水等液体)等级(共 8 级),8 为无限浸泡而不损坏,7 为防护短暂浸泡(防浸)
图例			

比亚迪 e 平台电动汽车采取的九级安全策略如图 5-67 所示。

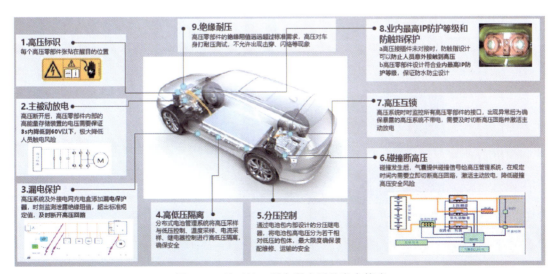

图 5-67　比亚迪 e 平台所应用的安全策略

5.7.2 高压维修开关及操作

一般的电动汽车上都设置有维修开关，这些开关用于保养维护与维修车辆时断开车辆的高压回路。以比亚迪唐DM为例，维修开关（Service Switch）位于动力电池包总成上方的左上角，见图5-68，连接了动力电池的一个正极和一个负极；它的主要作用是在车辆维修时直接断开高压回路，从而保证操作人员的安全。维修开关正常状态时，手柄处于水平位置；需要拔出时，应先将手柄旋转至竖直状态，再向上拔出；需要插上时，应先沿竖直方向用力向下插入，再将手柄旋转至水平状态。

图 5-68 维修开关安装位置（比亚迪唐 DM）

手动维修开关内部安装有高压电路的主保险丝和互锁的舌簧开关，见图5-69。

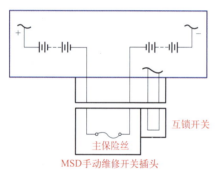

图 5-69 手动维修开关内部原理

拉起手动维护开关上的卡子锁止器可断开互锁，从而切断动力电池正负极继电器。但为确保安全，务必将启动开关置于"OFF"位置，断开蓄电池负极接线柱，等待10min后再拆下手动维护开关。在执行任何检查或维护前，应先拆下手动维护开关，使高压电路在动力电池的中间位置切断，以确保维护期间的安全。

以江淮新能源车型为例，手动维修开关的取出步骤如下：

① 钥匙置于"LOCK"挡。

② 断开12V蓄电池负极。

③ 断开维修开关，位置见图5-70。

图 5-70 维修开关位置

a. 打开维修开关上方的地毯盖板。

b. 拆下维修盖板四颗安装螺栓，拆除维修开关盖板。

c. 打开维修开关二次锁扣，见图5-71。

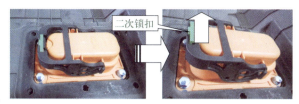

图 5-71　打开二次锁扣

d. 按住卡扣，按图 5-72 所示方向转动维修开关把手，然后向上用力，至把手垂直，拿出维修开关。拔下维修开关后，需等待 10min，确保高压残余电量耗尽。

图 5-72　取出维修开关

5.7.3　高压互锁电路

以比亚迪新能源车型为例，高压互锁包括结构互锁（图 5-73）和功能互锁（图 5-74）两种。

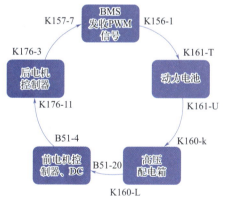

图 5-73　高压驱动互锁连接（比亚迪唐 DM）

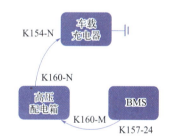

图 5-74　充电高压互锁连接（比亚迪唐 DM）

结构互锁的主要高压接插件均带有互锁回路，当其中某个接插件被带电断开时，动力电池管理便会检测到高压互锁回路存在断路，为保护人员安全，将立即进行报警并断开主高压回路电气连接，同时激活主动泄放。

功能互锁指的是当车辆在进行充电或插上充电枪时，高压电控系统会限制整车不能通过自身驱动系统驱动，以防止可能发生的线束拖拽或安全事故。

第6章

电力驱动系统

6.1 电机类型与结构原理

6.1.1 电机基本结构与原理

电动机/发电机是用来取代交流发电机、电动机和启动电机的统一称呼。理论而言，任何电动机也可被用作交流发电机。当机械驱动电动机/发电机时，它将作为交流发电机供电。当向电动机/发电机供给电流时，它作为驱动运行。用于推进的电动机/发电机是液冷式电动机/发电机。当然也可用风冷式电动机/发电机。

在完全混合动力车（HEV）中，电动机/发电机还能起到发动机启动电机的作用。

三相电动机经常用作电动机/发电机。三相电动机由三相交流电供能。它与环绕转子的三条线圈协同工作并形成定子，三条线圈分别连接至三相电动机的一相。在该同步电动机中，若干对永磁体位于转子上方。由于对三相线圈连续供电，因此它们会产生一个旋转电磁场，从而在使用电动机/发电机驱动车辆时使转子旋转。

当电动机/发电机用作交流发电机时，转子的运动会使线圈产生三相交流电压，并转换成动力电子元件中动力电池的直接电压。通常情况下，车辆会使用所谓的"同步电动机"。就此而论，"同步性"即"同步运行"，指的是定子线圈中能量场的转速与带永磁体转子转速的比率。

同步电动机与非同步电动机相比的优势在于，同步电动机在自动化应用时可以更精确地控制电机。

电机组成部件包括电动机/发电机①、转子②、定子③，动力电子元件④和动力电池⑤，如图 6-1 所示。电机装有一个定子绕组，绕组如同电动机一样，可产生一个旋转磁场。

当电机作为电动机工作时，定子绕组会产生一个旋转磁场。转子是一个可以产生磁场的永磁体。同步电动机的转速可通过感应交流电的频率精确控制。系统中装有一个变频器，对同步电动机转速进行无级调整。转子位置传感器可持续检测转子的位置，控制电子器件以此测定发动机实际转速。电机工作原理如图 6-2 所示。

如果电动机作为发电机工作，转子通过变速箱从外部驱动。当转子的磁场通过定子绕组时，每一相的线圈上都会产生感应电动势。转子磁场会依次通过绕组。电力电子装置将获得的电能转化为 288V 直流充电电流，对动力电池进行充电。

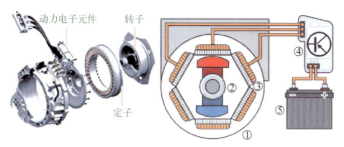

图 6-1　电机组成部件

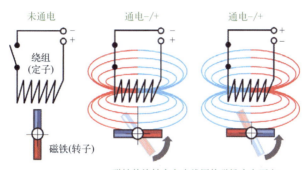

磁铁的旋转方向由线圈的磁场方向而定

图 6-2　电机工作原理

6.1.2　新能源汽车电机类型

对空间布置尺寸要求比较高的中小型电动汽车来说，功率和转矩密度更高的永磁同步电机就是优先的选择，并且同步电机更适合频繁启停的工况，适合城市上下班通勤的应用场景，这也是特斯拉 Model 3 改用同步电机的原因之一。以通用汽车为例，同步电机结构如图 6-3 所示。

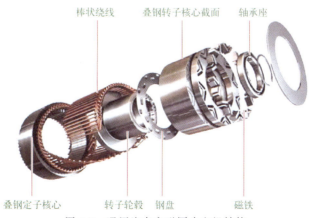

图 6-3　通用汽车永磁同步电机结构

相比永磁同步电机，交流感应电机体积较大，但是价格适中，感应电机可以做得功率很大并且不存在退磁问题，所以一些大型车或者追求性能的电动汽车，比如特斯拉 Model S 和蔚来 ES8，都采用感应电机，如图 6-4 所示。

定子
转子(铜)
电机控制器
减速器
动力输出端(经左右半轴往车轮)

图 6-4　蔚来 ES8/ES6 所使用的感应电机

开关磁阻电机结构简单、坚固、维护方便甚至免维护，启动及低速时转矩大、电流小；高速恒功率区范围宽、性能好，在宽广转速和功率范围内都具有高输出和高效率，而且有很好的容错能力。

开关磁阻电动机转子上产生的转矩是由一系列脉冲转矩叠加而成的，由于双凸极结构和磁路饱和非线性的影响，合成转矩不是恒定转矩，而有一定的谐波分量，影响了电动机低速运行性能，所以传动系统的噪声与振动比一般电机大。开关磁阻电机类型结构如图 6-5 所示。

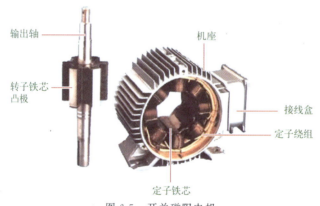

输出轴
机座
转子铁芯凸极
接线盒
定子绕组
定子铁芯

图 6-5　开关磁阻电机

开关磁阻电机的优点和缺点都非常明显，在家用车领域，像脉动引起的噪声与振动确实是难以控制和非常影响用户体验的，因此并没有大规模应用。但是在商用车领域，它就可以大显身手了，国内很多电动公交车、大巴和货车上面，都能够看到它的身影。

所以，可以这么说：中小型车以永磁同步为主，大型及高性能乘用车趋向感应电机，开关磁阻电机则适用于大型商用车。

6.1.3　永磁同步电机

驱动电机是一个紧凑、重量轻、高功率输出、高效率的永磁同步电机（PMSM），永磁铁被镶入转子中，旋转磁场和定子线圈共同作用产生转矩；电机旋变被同轴安装在电机上，用来检测转子旋转的角度。此旋转角度被发送到电机控制模块；电机温度传感器检测电机定子内部的温度，此温度信息被发送给电机控制模块。驱动电机组成部件见图 6-6。

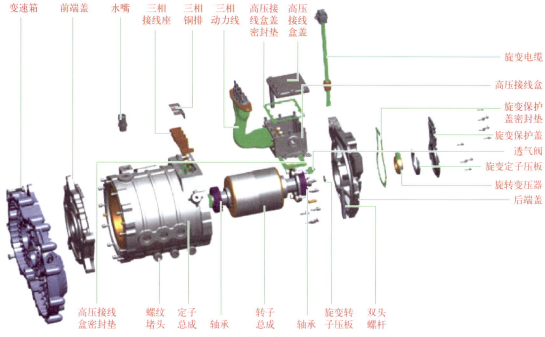

变速箱　前端盖　水嘴　三相接线座　三相铜排　三相动力线　高压接线盒盖密封垫　高压接线盒盖

旋变电缆
高压接线盒
旋变保护盖密封垫
旋变保护盖
透气阀
旋变定子压板
旋转变压器
后端盖

高压接线盒密封垫　螺纹堵头　定子总成　轴承　转子总成　轴承　旋变转子压板　双头螺杆

图 6-6　驱动电机部件分解（江淮新能源车型）

永磁同步电动机及其驱动系统与外部的电气接口共包括高压电部分、低压部分和通信口接口三部分。高压部分与整车连接的高压直流部分：

• P——电机控制器直流正端；

• N——电机控制器直流负端。

电机驱动器与永磁同步电动机连接的三相交流电部分：

• A（U）——电机 A 相（U）；

• B（V）——电机 B 相（V）；

• C（W）——电机 C 相（W）。

电机控制器前侧配置 2 个低压接插件——23 针接插件和 14 针接插件。23 针接插件主要完成 PCU、DC/DC 与整车之间的通信及控制。14 针接插件中有 6 针主要完成 PCU 与电机之间的通信，PCU 可以根据此接线端与电机的旋变连接，实现电机位置及转速的测量和计算，从而实现对电机的精确控制；2 针用于检测电机实时温度，防止电机在过温下工作，造成电机毁坏；4 针与 PCU 主控芯片连接，用于软件的改写、烧录，操作方便；其余针未连接。

宝马 i3 所用电机是同步电机，其原理结构见图 6-7。其基本结构和工作原理与带内转子的永磁激励同步电机相同：转子位于内部且装备了永久磁铁。定子以环形方式布置在转子外围。由安装在转子凹槽内的三相绕组构成。如果在定子绕组上施加三相交流电压，所产生的旋转磁场（在电机运行模式下）就会"带动"转子内的磁铁。

图 6-7 只展示了定子不带绕组的部分。转子由一个重量经过优化且位于内部部件内的托架、一个挡板套件和布置在两个位置的永久磁铁组成，因此可提高电机产生的转矩。转子热压在驱动轴上。通过六个极对同时实现了结构复杂性以及每圈尽可能恒定的转矩曲线。宝马 i3 同步电机剖面如图 6-8 所示。

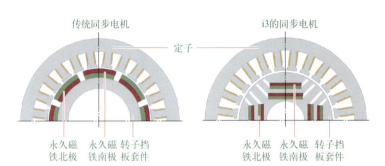

图 6-7　宝马 i3 同步电机的基本结构

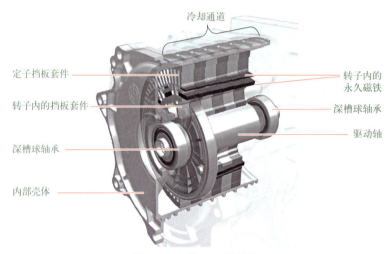

图 6-8　宝马 i3 电机结构

　　宝马 i3 的电机无须加注机油。仅对两个包含油脂的深槽球轴承进行润滑。通过从电机电子装置输出端输送至电机的冷却液进行电机冷却。在电机内冷却液流过布置在外侧的螺旋形冷却通道。壳体末端的两个 O 形环密封冷却通道，如图 6-9 所示。因此电机内部完全"干燥"。

图 6-9　电机冷却系统

　　电机设计用于较大温度范围。输入端（供给）处冷却液温度最高可能达到 70℃。虽然能量转换时电机损失比发动机小，但其壳体温度最高可能达到 100℃。

　　为避免因温度过高而造成组件损坏，I01 电机内有两个温度传感器，如图 6-10 所示。两个温度传感器位于定子绕组内。不直接测量转子温度，而是根据定子内的温度传感器测量值进行确定。两个温度传感器都是取决于温度的 NTC 型电阻。其信号以模拟方式由电机电子装置读取和分析。

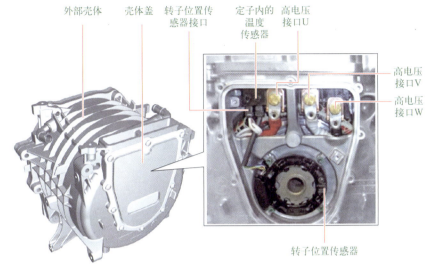

图 6-10　电机电气接口

为确保电机电子装置正确计算和产生定子内绕组电压的振幅和相位，必须知道准确的转子角度位置。因此在离开变速箱的驱动轴端部有一个转子位置传感器。

在行驶方向左侧，有一个支撑臂将电机壳体与后桥模块连接在一起。该支撑臂不用于承受驱动单元的重力。驱动力矩也通过该支撑臂传输至后桥模块并最终传递到车身上。整个驱动单元（电机、电机电子装置和变速箱）还通过稳定杆连杆与后桥模块连接在一起。电机安装位置见图 6-11。

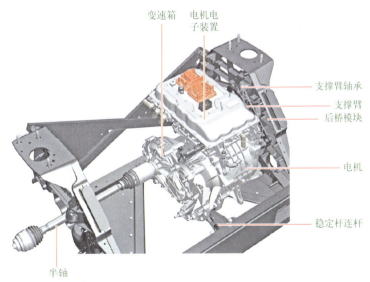

图 6-11　电机安装位置

需要拆卸电机时，必须事先拆卸整个后桥。这种情况也适用于拆卸变速箱和电机电子装置。只有这样才能将上文所述附加托架从壳体上松开并拆卸各个组件。

电动制冷剂压缩机通过三个螺栓固定在电机上。

对带增程设备的车辆，电动驱动装置使用动力电池单元中的能量作为基本驱动方式。仅当动力电池单元的充电状态降到规定值以下时，才激活增程设备。

动力电池单元的充电状态较低时，通过增程设备电机启动增程设备（发动机W20）。这种情况下，增程设备电机以发动机模式工作。用于启动增程设备的电能来自动力电池单元。一旦增程设备启动，则增程设备电机从发动机模式切换到发电机模式，并且产生电能。产生的该能量仅用于获得动力电池单元的充电状态。

增程设备电机是一个同步电机。转子（Rotor）位于内部，装备有永久磁铁。定子（Stator）是环形的，位于外面，围绕着转子，由带铁芯的三相线圈形成。如果在定子的线圈上有三相交流电压，则其形成一个旋转的磁场，该磁场（在发动机运转下）吸住转子内的磁铁。

增程设备电机的功率为26.6kW且在5000r/min的条件下提供。增程设备电动机电子单元通过冷却液冷却。增程设备电机连接部件见图6-12。

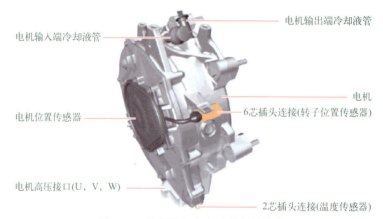

图6-12　增程设备电机连接部件分布

为了避免组件由于温度过高而损坏，在电机中有一个温度传感器。借助温度传感器测量其中一个轴承上的温度，从而得出转子温度。这里使用的是永久磁铁，在高温时可能受损。温度传感器是与温度有关的NTC型电阻器。模拟增程设备电动机电子单元读取和分析温度传感器检测到的信号。

转子位置传感器探测增程设备电机转子的精确转子位置。转子位置传感器的结构与同步电机一样。特殊成型的转子连接着电机转子，定子同电机的定子相连。定子线圈中的转子转动而产生的感应电压由增程设备电动机电子单元（REME）分析并计算出电机位置角度。

根据磁场精确调节电机时必须要知道电机位置角度，这样定子线圈上才能产生与转子位置匹配的电压。

6.1.4　异步感应电机

奥迪e-tron车上使用的驱动电机是异步电机。每个电机的主要部件有：带有3个呈120°布置铜绕组（U，V，W）的定子，转子（铝制笼型转子）。转子把转动传入齿轮箱。前桥上采用平行轴式电机来驱动车轮，后桥则采用同轴式电机来驱动车轮。前桥和后桥上每个交流驱动装置都有一根等电位线连着车身。

前驱电机总成部件分解如图6-13所示。

交流电连接，带有密封件
冷却液接口
转子
搭铁环的铜套
转子位置传感器 G159
前部交流驱动装置冷却液温度传感器 G1110

定子水套
带有两个极对的定子
前部驱动电机温度传感器 G1093
坐标转换器盖
检修用排油螺塞

图 6-13　前驱电机总成分解

定子是通过功率电子装置来获得交流电供给的。铜绕组内的电流会在定子内产生旋转的磁通量（旋转的磁场），这个旋转磁场会穿过定子。异步电机转子的转动要稍慢于定子的转动磁场（这就是异步的意思）。

这个差值我们称之为转差率❶（也叫滑差率）。于是就在转子的铝制笼内感应出一个电流，转子内产生的磁场会形成一个切向力，使得转子转动，叠加的磁场就产生了转矩。电机工作原理如图 6-14 所示。

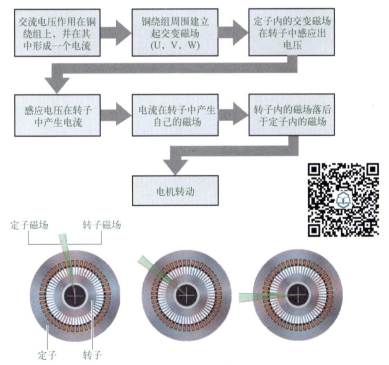

图 6-14　电机工作原理

---

❶　转差率表示的是转子和定子内磁场之间的转速差。

在电驱动模式时，功率电子装置将动力电池的直流电转换成三相交流电（交流）。这个转换是通过脉冲宽度调制来进行的，如图 6-15 所示。转速是通过改变频率来进行调节的，电驱动装置电机的转矩是通过改变单个脉冲宽度的接通时间来进行调节的。

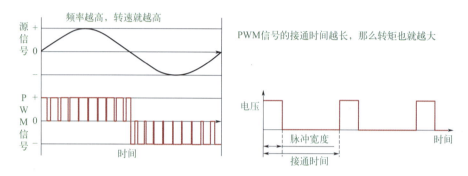

图 6-15 脉冲宽度调制原理

以示例加以说明：在一台有 2 个极对的异步电机上要想达到 1000r/min 这个旋转磁场转速，需要使用 33.34Hz 的交流电。因受到异步电机转差率的限制，所以转子转得要慢些。

6.1.5 高压启动-电动机

MHEV（Mild Hybrid Electric Vehicle）车型一般采用 48V-BSG（Belt Driven Starter Generator，带驱动起动机-发电机）混动系统。整个系统由一台集成在发动机前端轮系上的 48V-BSG 电机、一个 48V-12V DC/DC 转换器、一个 48V 动力电池包（早期多为镍氢电池，现在多应用锂电池）、制动能量回收系统、冷却散热装置、混动模块控制系统（HCU，集成在 ECU 内）等组成，如图 6-16 所示。48V-BSG 系统可以实现发动机舒适启动、低速助力、停机辅助、停机滑行、改变意图、全速助力、滑行能量回收、制动能量回收、发动机工况优化、整车能量管理等功能。

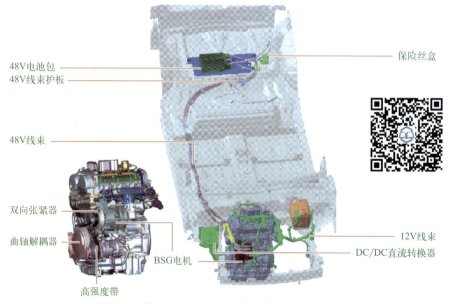

图 6-16 48V-BSG 混动系统组成

别克君越是上海通用汽车首款上市的混合动力车辆。使用的混合动力系统为 BAS 系统，即驱动带-发电机-起动机（Belt Alternator Starter）系统。这是一种轻混合动力系统（Mild-Hybrid）。

BAS 混合动力车辆的特点就是由发动机提供主要的车辆动力，电机提供车辆的辅助动力，同时电机也替代了传统车辆的起动机和发电机。BAS 系统结构如图 6-17 所示。

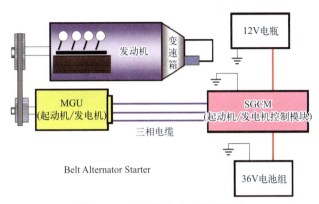

图 6-17　BAS 混合动力系统结构

君越 Hybrid-BAS 系统主要元件：起动机/发电机总成 MGU（Motor Generator Unit）；驱动带及双向张紧器总成；起动机/发电机控制模块 SGCM（Starter/Generator Control Module）；36V 镍氢电池组（NiMH）；混合动力电池组分离控制模块（Generator Battery Pack Disconnected Control Module），也叫能量存储控制模块（ESCM）；12V 电池。BAS 系统主要组成元件如图 6-18 所示。

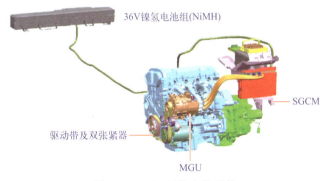

图 6-18　BAS 系统主要元件

高压起动机/电动机总成内部结构如图 6-19 所示。

当车辆停止时，发动机进入自动停止模式（Auto Stop），此时发动机处于关闭状态，没有燃油流向发动机，车上的一些附件装置像灯光系统、娱乐系统等都由电瓶进行供电。

当驾驶员松开制动踏板，或踩下加速踏板车辆需要起步时，电机带动发动机运转，燃油供应恢复，发动机自动启动。另外，在滑行阶段车辆快要停止之前，电机会带动发动机转动（发动机此时未供油），目的是使转矩输出平顺，驾驶性能更好。

在燃油供给阶段，发动机正常工作，消耗燃油。在电动助力时，当驾驶员踩下油门比较深时，通过电机对车辆进行电动助力。

在智能充电阶段，电机由发动机带动旋转，电池组尽可能地从系统中获得更多的充电机

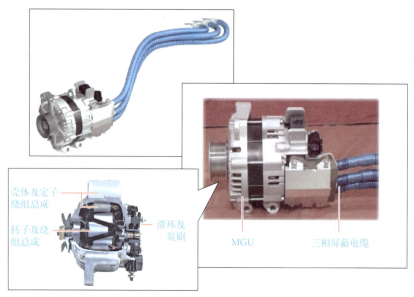

壳体及定子绕组总成

转子及绕组总成

滑环及炭刷

MGU

三相屏蔽电缆

图 6-19　高压起动机/发电机总成结构

会。当车辆进入滑行阶段或停下来后，发动机被切断燃油供应，在某些滑行期间，为了保证转矩的平顺性，电机也将转动。

当车辆减速时，发动机停止供油，变矩器锁止，车辆带动发动机转动，电机此时作为发电机进行发电，发电机相当于车辆的负载，对车辆有制动作用（类似于发动机制动），系统进入再生制动阶段。

BSG 轻混系统工作原理如图 6-20 所示。

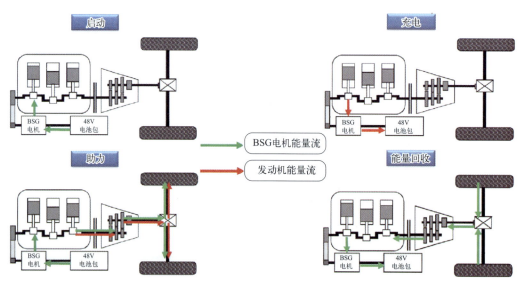

启动

充电

BSG电机能量流

发动机能量流

助力

能量回收

图 6-20　BSG 轻混系统工作原理图

在有些插电混动车型上，为了节省燃油，提高充电效率，同时配备了 BSG 电机系统。BSG 电机即同时具有启动和电动-发电机功能的高压启动电动发电机，以 X1 xDrive 25Le 车型为例，该总成安装在发动机舱内前端，位于传统交流发电机的位置，见图 6-21。

该高压启动电动发电机是一种带齿的启动电动机系统，确保在所有条件下均可启动内燃发动机。高压启动电动发电机同样可用于能量回收和 eBOOST。

高压启动电动发电机的功能包括：对动力电池单元进行充电，启动内燃发动机，增加内燃发动机的负载点，内燃发动机的 eBOOST（电动助推）功能。宝马 X1 PHEV 的高压启动电动发电机连接图 6-22 所示。

图 6-21　高压启动电动发电机的安装位置

图 6-22　宝马 X1 PHEV 中的高压启动电动发电机
1—机械冷却液泵；2—多楔带；3—带摆动张紧装置；
4—高压启动电动发电机；5—带集成弓形弹簧的减振器

X1 PHEV 中的高压启动电动发电机是一种同步电机。该装置的一般结构和操作原理与带有内部转子的永久励磁同步电机相对应。转子安装在内部，并配备永磁体。定子为环形，位于转子外部，环绕转子。它的形状为穿通三相线圈的铁芯。

如果向定子应用一个三相交流电压，定子线圈产生一个旋转的磁场，旋转磁场"牵拉"转子内的磁体。在这种情况下，高压启动电动发电机发挥电动机的功能，通过提供附加转矩辅助内燃发动机（eBOOST 功能）。

在充电模式中，旋转的转子产生改性磁场，从而在定子线圈中产生交流电压。

6.2　电机控制系统

6.2.1　纯电动汽车

纯电动汽车的动力系统由驱动电机总成、驱动电机控制器两部分组成，驱动电机总成包括驱动电机及减速器两部分。驱动电机是整车的动力核心，相当于燃油车的发动机，通过动力电池提供的电能将电能转换成动能，通过减速器、半轴驱动电动汽车行驶。

驱动电机控制器根据制动踏板和加速踏板的输入信号，发出相应的控制命令来控制驱动电机的转速及转向，从而驱动电动汽车的行驶。

减速器是将电机的高速运转通过齿轮传动变成低速大转矩的装置。它不同于传统汽油车的变速箱，减速器只有固定减速比，没有调速功能，速度以及方向的变化通过电机控制器来实现。减速器的固定减速比为 1 : 7.3。

众泰云 100 电动车驱动系统搭载的是三相交流变频电机。当电动机的三相定子绕组（各相差 120°电角度）通入三相对称交流电后，将产生一个旋转磁场，该旋转磁场切割转子绕组，从而在转子绕组中产生感应电流（转子绕组是闭合通路），载流的转子导体在定子旋转磁场作用下将产生电磁力，从而在电机转轴上形成电磁转矩，驱动电动机旋转，并且电机旋转方向与旋转磁场方向相同，当导体在磁场内切割磁力线时，在导体内产生感应电流，"感应电机"的名称由此而来。感应电流和磁场的联合作用向电机转子施加驱动力。

众泰云 100 电动车所用低压交流电动车辆驱动器，采用了国内外一流的交流电机控制器算法，实现了对交流电机宽调速范围内转矩的精准控制。相比于直流电机驱动系统，交流驱动系统可以实现更宽的电机调速范围，从而提高了车辆的行驶速度；交流电机无碳刷、全密闭、免维护，系统可靠性大大提高；交流系统能达到更高的效率，实现灵活的能量回馈控制，从而有效地提升续航里程。驱动电机控制器系统连接如图 6-23 所示。

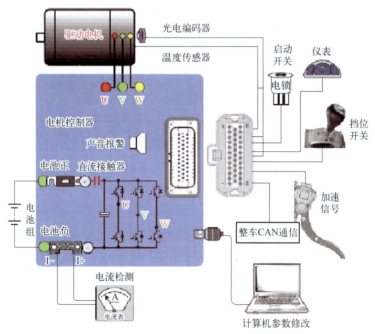

图 6-23　驱动电机控制器系统连接

驱动电机控制器通过 35 芯插接件，将驱动电机、启动开关、仪表、挡位开关、加速信号、制动信号等联系起来，从而使车辆有序行驶。启动钥匙到 ON 挡，分电盒总正接触器吸合，动力电池 74V 两相直流电进入驱动电机控制器。驱动电机控制器先将两相直流电转换三相直流电，再结合挡位、油门模拟量等控制信号控制输出到驱动电机的电流，从而实现对车辆驱动系统的管理。

车子在向上斜坡时突然踩制动踏板，且挡位在前进挡，松开制动后车子往后溜 20cm 后停止后溜，当挡位杆挂到空挡（或倒退挡时）车子才会后溜；同样当车子行驶在向下的坡道时，挂倒退挡倒退时，踩制动后然后松制动，车子不会向前溜，当踩下加速踏板后车子才解除防溜坡功能。

6.2.2　增程式电动汽车

6.2.2.1　电机电子装置（EME）

电机电子装置（EME）是一个安装在铝壳内的功率电子装置。在该铝壳内具有下列组件：电机电子装置（EME）控制单元、DC/DC 转换器、变频器（逆变器和整流器）、充电电子装置。

整个铝壳组件被称为电机电子装置。电机电子装置安装在电动汽车的电机上。

维修时可以单独更换电机电子装置和电机。为此，必须事先拆卸带电机和电机电子装置组成单元的后桥。随后脱开电机和电机电子装置。电机电子装置的铝壳在保养时禁止打开。

针对插电式混合动力汽车（PHEV），电机电子装置与电机分开供货，因此在供货时需要根据电机对系统进行校准。

电机电子装置的接口可以划分为下列几类：12-V 接口、高压接口、电位补偿导线接口、冷却液管接口。EME 模块连接端子见图 6-24。

EME 模块管路连接接口分布如图 6-25 所示。

图 6-24　电机电子装置

1—电机电子装置；2—中间电路高压接口（动力
电池和存储器电子管理系统）；3—增程设备、启动器
发电机或便捷充电系统的高压接口；4—车辆通信接口；
5—电机接口（U、V、W）；6—转子位置传感器和
温度传感器接口（转子、定子）

图 6-25　电机电子装置接口分布

1—电机电子装置；2—12-V 接口、蓄电池正极
（电位补偿）；3—12-V 接口、蓄电池负极（电位补偿）；
4—出口冷却液管；5—进口冷却液管；6—电动空调
压缩机高压接口；7—电控辅助加热器高压接口；
8—便捷充电系统高压接口

电机电子装置通过液体冷却，并集成在一个自己的低温冷却循环中。根据当前的冷却需求控制电动冷却液泵。冷却液此时吸收最大约 85℃ 的温度（回流）。

在总线端 KL.15 接通时，电机电子装置的功率电子电路生效。以这种方式，通过 DC/DC 转换器给高压车载网络（电动空调压缩机和电控辅助加热器）以及 12V 车载网络供电。如果由于此时形成的热量而识别出冷却需求，则打开冷却液泵。

在动力电池充电期间，充电电子装置内的功率电子装置生效。由于在充电电子装置内转换的电功率大，此时也会形成热量。该热量必须排出。因此，充电期间电机电子装置内出现相应高温时也会打开电动冷却液泵。

6.2.2.2　增程设备电动机电子单元（REME）

增程设备电动机电子单元（REME）是一个功率电子装置。增程设备电动机电子单元布置在增程设备电机后。

增程设备电动机电子单元（REME）控制、调节和协调增程设备上电机的功能。通过 REME 确保高压车载网络内的充电。

组件主要包括：增程设备电动机电子单元（REME）控制单元、DC/DC 转换器和变频

器。不允许对 REME 进行修理，禁止打开其壳体。打开后，REME 的安全认证会失效。增程设备电机接口分布如图 6-26、图 6-27 所示。

增程设备电动机电子单元（REME）主要具有下列功能：

——连接和调节增程设备电机；

——功率因环境温度而降低；

——连接动力电池单元；

——分析高压触点监测装置（High Voltage Interlock Loop）；

——分析碰撞信息；

——冷却液管接口。

图 6-26　增程电机控制单元接口（一）

图 6-27　增程电机控制单元接口（二）

增程设备电动机电子单元通过液体冷却，并集成在一个低温冷却循环中。在同一个冷却循环中集成有增程设备数字发动机电子单元和增程设备电机。

6.2.2.3　电子数字电机电控机构（EDME）

电气驱动机构控制系统涉及具有众多组件的分布式系统。驱动机构控制系统的主控制单元是电子数字电机电控机构（EDME）。

作为最重要的 EDME 协作控制单元，电机电子装置（EME）负责控制电机以及给 12V 车载网络供电。其他 EDME 协作控制单元有电池管理系统（SME）和便捷充电系统

EDME 控制单元安装在前方左侧轮罩内。EDME 控制单元作为主控制单元和协调器，用于驱动机构控制系统的初级功能。

从整体上转换驱动力矩前，EDME 必须检查是否已建立行驶就绪状态。

EDME 检测电气驱动机构控制系统的所有分系统是否均正常工作，这是准备驱动力矩的前提条件。EDME 控制单元考虑可用的驱动装置电功率，该功率主要由动力电池的状态决定。通过相应的总线信号，SME 控制单元将该状态传输至 EDME 控制单元。

作为检测结果，EDME 确定是否以及在哪个范围内可以建立驱动力矩。故障状态下或者可用性受限时，EDME 通过组合仪表输出检查控制信息。

未设计有 EDME 主动冷却，因为左侧轮罩内的安装位置无法形成临界的温度值。

EDME 单元模块接口见图 6-28。

图 6-28　EDME 单元模块接口
1—电子数字电机电控机构（EDME）；
2—48 芯插头连接（2 空位）

6.2.3　插电混动式汽车

以宝马 X1 PHEV 电机电子装置（EME）作为电机和高压启动电动发电机的电子控制装置。该装置负责将动力电池单元（最高 340V DC）的直流电压转换成三相 AC 电压，用来启用电机和高压启动电动发电机，在此过程中，电机和高压启动电动发电机作为电动机。相反，当电机和高压启动电动发电机作为发电机工作时，电机电子装置将三相 AC 电压转换成直流电压，并为动力电池单元充电。比如，在制动能量再生（能量回收）过程中发生此类操作。为了进行这两种模式的操作，有必要配备 DC/AC 双向转换器，该装置可以作为换流器和整流器进行工作。

DC/DC 转换器同样与电机电子装置组成一体，确保 12V 汽车电气系统的电压供给。

X1 PHEV 的整个电机电子装置位于一个铝制壳罩内。控制单元（DC/AC 双向转换器以及 12V 汽车电气系统的 DC/DC 转换器）位于该壳罩内。

EME 控制单元还承担其他任务。比如高压动力管理，即对动力电池单元的可用高压进行管理，同样与 EME 集成为一体。此外，EME 有各类输出级，负责 12V 执行机构的启用。

电机电子装置安装在后桥下方的汽车底部，见图 6-29。为了确保电机电子装置正常接线，该组件必须完全拆除。EME 的上部接线位于行李舱底部盖板下方螺钉拧固的盖子下方。EME 模块外部接口分布如图 6-30 所示。

电机电子装置外部低压接头连接下述线路和信号：

• 用于 EME 控制单元的电源（引自配电箱的终端 30B，位于前侧和地面）；

• FlexRay 总线系统；

• PT-CAN 总线系统；

• PT-CAN2 总线系统；

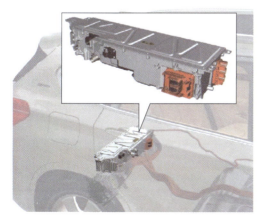

图 6-29　X1 PHEV 电机电子装置的安装位置

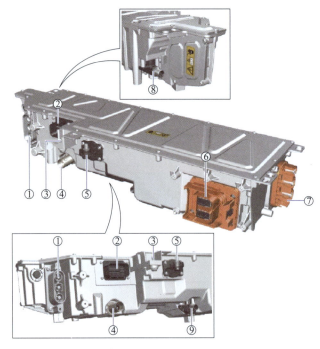

图 6-30　X1 PHEV 电机电子装置的接口分布

1—与高压启动电动发电机相连的高压接口（AC）；2—低压接头/信号接头的接线；
3—DC/DC 转换器输出－12V；4—用于便捷充电电子装置交流充电的高压接口；5—输出，
DC/DC 转换器＋12V；6—与动力电池单元相连的高压接口（DC）；7—与电机相连的高压
接口（AC）；8—用于冷却液回流管路的接口；9—用于冷却液供给管路的接口

- 唤醒导线；
- 引自 ACSM 的信号线路，用于传送碰撞信息；
- 汽车内部截止阀的动作；
- 高压联锁回路电路的输入和输出（EME 控制单元评估信号，如果出现电路干扰，将切断高压系统）；
- 启用电动真空泵；
- 电动冷却液泵（PME）：脉冲宽度调制信号；
- 电机转子位置传感器的评估；
- 电机温度传感器的评估；
- 高压启动电动发电机的转子位置传感器的评估；
- 高压启动电动发电机的温度传感器的评估。

此类线路和信号的电流等级相对较低。电机电子装置通过两个独立的低压连接和大横截面线路与 12V 汽车电气系统相连（终端 30 和终端 31）。通过这种配置与电机电子装置内的 DC/DC 转换器接通，并为整个 12V 汽车电气系统提供能量。带有电机电子装置的这两条线路通过螺栓进行连接。

图 6-31 通过简单的接线图描述了电机电子装置的低压接口。

在电机电子装置中，共有四个与其他高压组件线路相连的高压接口。电动空调压缩机及电气加热装置当前位于便捷充电电子装置上。图 6-32 的接线图描述了电机电子装置与其他高压组件之间的高压接口。

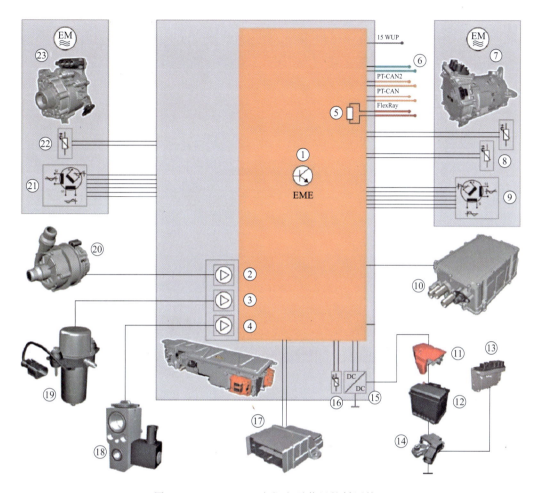

图 6-31　F49 PHEV 电机电子装置的低压接口

1—电机电子装置（EME）；2—启用 80W 电动冷却液泵的输出级（LT 冷却液电路）；3—启用电动真空泵的输出级；4—启用汽车内部膨胀阀和截止阀的输出级；5—终端电阻器，FlexRay；6—高压联锁回路的信号线路；7—电机（整个）；8—电机定子线圈中的温度传感器；9—电机中的转子位置传感器；10—便捷充电电子装置 KLE；11—安全型蓄电池接线柱 SBK；12—12V 蓄电池；13—数字式电动机电子装置 DME；14—智能型蓄电池传感器 IBS；15—单向 DC/DC 转换器；16—DC/DC 转换器中的温度传感器（负温度系数传感器）；17—碰撞安全模块；18—膨胀和截止组合阀，乘客舱；19—电动真空泵；20—电动冷却液泵；21—高压启动电动发电机中的转子位置传感器；22—高压启动电动发电机中的温度传感器；23—高压启动电动发电机

以广汽传祺 GA3S PHEV 车型为例，该车的集成电机控制器是集成了 ISG、TM 及 DC/DC 三合一的控制器，其工作电压范围为 220~460V，瞬时最高电流为 445A。电机控制器安装位置如图 6-33 所示。

集成电机控制器包括：控制电路、功率驱动单元、DC/DC、高低压接插件、内部线束和所有相关的软硬件等。集成电机控制器作为发电机和驱动电机的控制器，并集成了 DC/DC，是一款双电机控制器。

电机控制器的作用：接收整车命令；将直流电压转化为交流电压，控制电机在不同转速下的转矩输出；将电机控制器系统的状态返回给整车。电机控制器系统连接如图 6-34 所示。

新能源汽车结构与原理

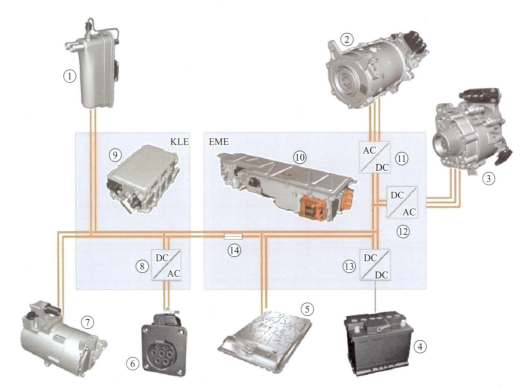

图 6-32　F49 PHEV 电机电子装置与其他高压组件之间的高压接口

1—电气加热装置；2—电机；3—高压启动电动发电机；4—蓄电池（12V）；5—动力电池单元；
6—充电插座；7—电动制冷压缩机（EKK）；8—单向 AC/DC 转换器；9—便捷充电电子装置；
10—电机电子装置（整个）；11—电机的双向 DC/AC 转换器；12—高压启动电动发电机的
双向 DC/AC 转换器；13—单向 DC/DC 转换器；14—60A 防过载电流保护

图 6-33　广汽传祺 GA3S PHEV 车型电机控制系统位置

　　如图 6-35 所示为控制器组成部件。薄膜电容的主要功能是储能，特别是在电机高速制动工况下能快速储存电机能量反馈的电能，同时另一个功能就是在电机启动的瞬间能给 IGBT 提供较大启动电流保证电机的顺利启动。电机控制器的核心零部件为 IGBT，控制器通过 IGBT 变频开关来控制电机的运行。DC/DC 主要的功能是将动力电池的电转化成低压为蓄电池补充电量，以及给整车低压用电器提供电能。

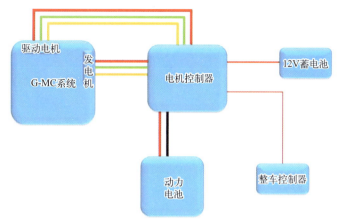

图 6-34 电机控制系统连接

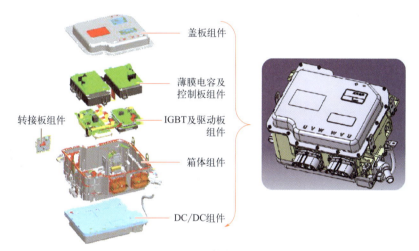

图 6-35 电机控制系统组成

6.3 电驱冷却系统

6.3.1 纯电动汽车

电驱冷却系统利用热传导的原理，通过冷却液在冷却系统回路中循环，使 PEU_F（前功率控制单元）、PEU_R（后功率控制单元）、驱动电机保持在最佳的工作温度。冷却液要定期更换才能保持其最佳效率和耐腐蚀性。

以蔚来 ES6 为例，冷却系统主要由以下部件组成：膨胀水壶总成、电子水泵、冷却液水管、电动三通阀/四通阀、电池加热器、低温散热器总成、冷却风扇总成、冷却液温度传感器。

前后驱动冷却系统布置如图 6-36 所示。

电子水泵的作用是对冷却液加压，保证其在冷却系中循环流动。系统中安装有 2 个水泵，型号相同，均为 BLDC（无刷直流电机），额定功率为 50W。电子水泵主要负责前驱动系统冷却循环（电子水泵-前）、后驱动系统冷却循环（电子水泵-后）根据不同温度需求各自独立工作。

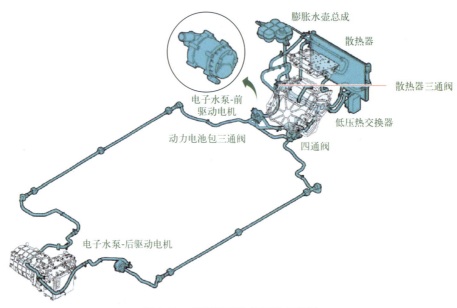

图 6-36　前后驱动冷却系统布置图

三通阀/四通阀安装于系统冷却液水管管路中，通过减振垫固定在支架上，减小振动与噪声；三通阀/四通阀均为步进式 BLDC（无刷直流电机）。根据系统控制需求，用来打开和关闭各个冷却液通道，实现不同冷却模式的冷却循环。三通阀有 2 个，分别是散热器旁通三通阀、电池回路三通阀；四通阀有 1 个。

冷却风扇总成通过 4 个螺栓固定在冷凝器上，由 PWM（脉冲宽度调节）和冷却风扇组成，PWM（脉冲宽度调节）控制器根据 VCU（车辆控制单元）控制信号和 CCU（环境控制单元）控制信号来控制冷却风扇的不同转速。

冷却系统有 2 个冷却液温度传感器，分为出口（前电机出口）冷却液温度传感器和进口（四通阀入口）冷却液温度传感器两种，分别安装在前后电机至旁通三通阀水管总成和四通阀进水管总成上。冷却液温度传感器是 NTC（负温度系数）热敏电阻。

小鹏 P7 电动汽车热管理系统如图 6-37 所示，当四通换向水阀处于 1-4、2-3 连通状态时，电机电控热管理系统与电池热管理系统独立运行。当四通换向水阀处于 1-2、3-4 连通状态时，电机电控热管理系统与电池热管理系统串联运行。独立运行时，电池热管理系统通过电池换热器获得低温冷却液，冷却动力电池；通过水-水换热器获得高温冷却液，加热动力电池。独立运行时，电机电控热管理系统通过散热器散热，实现电机电控系统和大屏主机的冷却。

串联运行，三通阀 1 处于 1-2 导通状态时，电机电控系统产生的热水导入电池热管理系统，加热动力电池. 三通阀 1 处于 1-3 导通状态时，动力电池和电机电控系统的热量均通过散热器实现散热冷却。

VCU 判断电机回路中某一器件温度过高则进入电机冷却，调节电机回路水泵转速、电子风扇转速，HVAC 调整三通阀 1 位置到散热器。当电机温度高于 75℃、IPU 高于 45℃、DC/DC 高于 60℃、OBC 高于 50℃时开启电机冷却系统三通阀通散热器。

冷却回路为电机回路水泵→电机系统→三通阀 1→散热器/旁通→四通换向水阀→电机回路水泵。电驱系统冷却控制回路如图 6-38 所示。

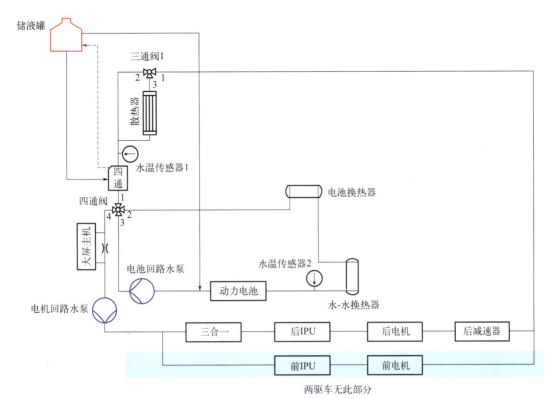

图 6-37　小鹏 P7 电机电控及电池热管理系统

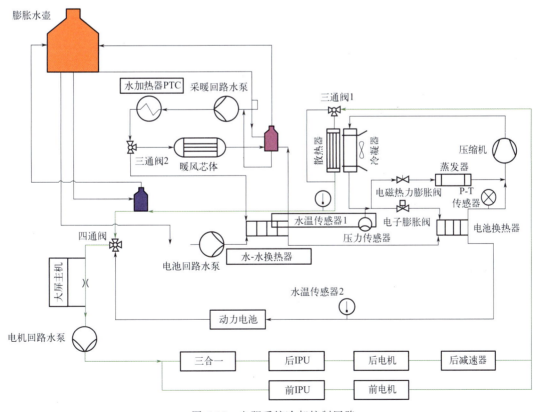

图 6-38　电驱系统冷却控制回路

6.3.2　增程式电动汽车

以宝马 i3 电动汽车为例，该车电动冷却液泵功率为 80W（制造商为 Bosch 公司）。冷却液泵由 EDME 控制单元控制。为此冷却液泵和 EDME 控制单元通过一根直接导线相互连接。可通过 PWM 信号以可变功率控制电动冷却液泵。通过总线端 30B 为冷却液泵供电。冷却液泵安装在右后侧。

补液罐位于车辆行驶方向左侧发动机室盖下方空间内。在补液罐内未安装电气液位传感器。但进行维修时需要注意以下事项：由于未安装电气液位传感器，因冷却系统泄漏等造成冷却液损耗时无法直接识别出来。出现冷却液损耗时，所冷却组件（电机、电机电子装置、便捷充电电子装置、增程电机和增程电机电子装置）的温度会超出正常运行范围。在此情况下会降低电动驱动装置的功率并输出相应检查控制信号。

车辆前部的冷却模块由冷却液空气热交换器、电风扇以及选装主动式冷却风门构成。

为了降低空气阻力和车辆耗油量，宝马 i3 可在 BMW i 肾形格栅后选装主动式风门控制装置，该装置由 EDME 根据运行状态关闭或打开。在美规车型上不提供主动式风门控制装置。宝马 i3 驱动系统冷却部件分布如图 6-39 所示。

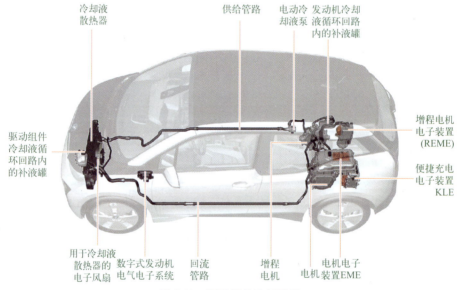

图 6-39　驱动组件冷却系统

待冷却的组件接入冷却液循环回路内，以便保持组件所要求的最高温度水平。电机电子装置所要求的温度比电机低，因此选择按该顺序串联。由于电动驱动装置和便捷充电电子装置不同时运行，因此选择了并联。增程电机和增程电机电子装置首先串联连接。由于这两个组件与便捷充电电子装置和电机电子装置不同时运行，因此与其串联连接。此外冷却系统也无须针对所有热功率之和进行设计，因为实际上只需在一个或两个并联支路中排出热量。在装有增程器的车辆上，冷却液循环回路内带有用于冷却 W20 发动机的冷却液制冷剂热交换器。

如图 6-40 所示，所有循环回路均为彩色。蓝色表示较低温度，红色表示冷却液温度较高。不同的红色表示不同程度的高温。

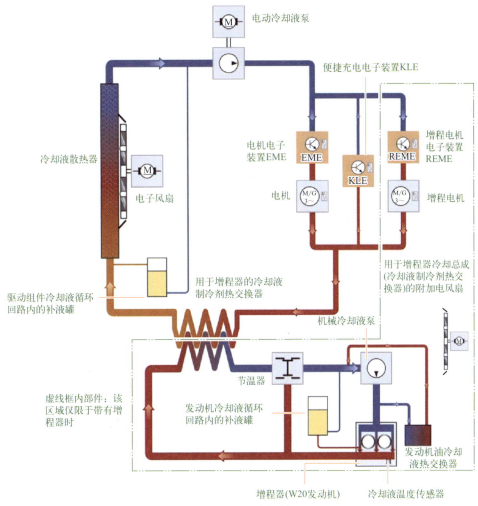

图 6-40　电机冷却循环

6.3.3　插电混动式汽车

　　以宝马 X1 PHEV 车型为例，冷却液/空气热交换器与冷却模块集成为一体。根据电机电子装置的冷却要求，电动冷却液泵及电扇启用，从而降低消耗等级。

　　通过电扇和电动冷却液泵的需求驱动启用操作，较强的温度偏差可以避免对高压组件中的电子装置的使用寿命产生不利影响，从而实现能源优化冷却方式。电驱系统冷却部件安装位置如图 6-41 所示。

　　电机通过低温冷却液回路进行冷却，回路如图 6-42 所示。

　　电机的设计温度范围较大。但是，为了保障电机在不同条件下热操作的安全性，该装置采用冷却液冷却。为了冷却定子线圈，在定子和电机壳罩之间存在一个冷却液管道，高压组件的低温冷却液回路为冷却液管道供给冷却液。冷却液在输入（供给）侧的温度可以达到 70℃。与内燃发动机相比，虽然电机在能量转换中的损失较低，它的壳罩温度仍然能达到 105℃。

　　转子通过转子空气循环冷却系统进行冷却。在这种配置条件下，空气流过转子中的冷却液管道以及壳罩内的冷却液管道，空气在壳罩内被水冷却。这就确保了一个更为平衡和偏低的转子温度。

图 6-41　F49 PHEV 电机电子装置的冷却液回路安装位置

1—电机电子装置（EME）；2—电机（EM）；3—便捷充电电子装置 KLE；4—冷却液膨胀箱；
5—高压启动电动发电机（HV-SGR）；6—冷却液/空气热交换器；7—电动冷却液泵（80W）

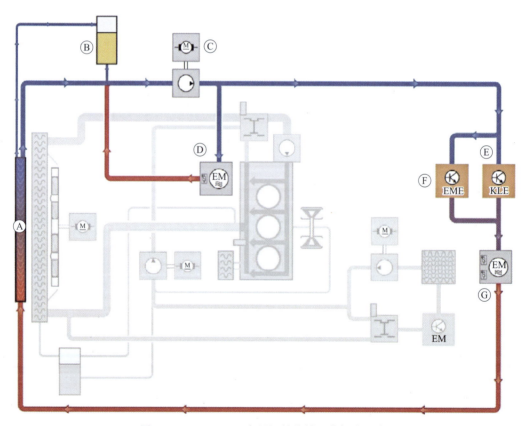

图 6-42　F49 PHEV 高压组件的低温冷却液回路

A—冷却液/空气热交换器（高压组件的冷却液回路）；B—冷却液膨胀箱（高压组件的冷却液回路）；
C—80W 电动冷却液泵（高压组件的冷却液回路）；D—高压启动电动发电机（HV-SGR）；
E—便捷充电电子装置 KLE；F—电机电子装置（EME）；G—电机（EM）

宝马 5 系 PHEV 中的电机（牵引电机）结构采用内部转子的形式。"内部转子"表示带永久磁铁的转子呈环形排布在内部。产生旋转场的绕组位于外部并构成定子。F18 PHEV 的电机有 8 对极偶，定子固定在转子空心轴上的一个法兰上方，空心轴与变速箱输入轴相嵌连接，见图 6-43。

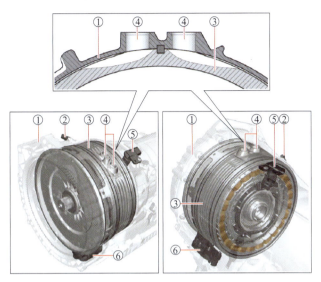

图 6-43　F18 PHEV 电机接口
1—变速箱钟形罩；2—温度传感器；3—冷却液通道；4—冷却液接口；
5—转子位置传感器电气接口；6—高压接口

自动变速箱壳体上有四个电机接口，分别用于温度传感器、两根冷却液管、转子位置传感器、高压导线。传感器安装位置如图 6-44 所示。

为了电机-电子伺控系统能正确计算定子绕组电压的振幅和相位并正确生成电压，必须知道转子的确切位置。转子位置传感器承担这个任务。它的结构与同步电机类似，并且带有一个特殊外形的转子以及一个定子，转子连接电机的转子，定子连接电机的定子。电机-电子伺控系统评估通过转子旋入定子绕组而生成的相电压并计算出转子位置角度。

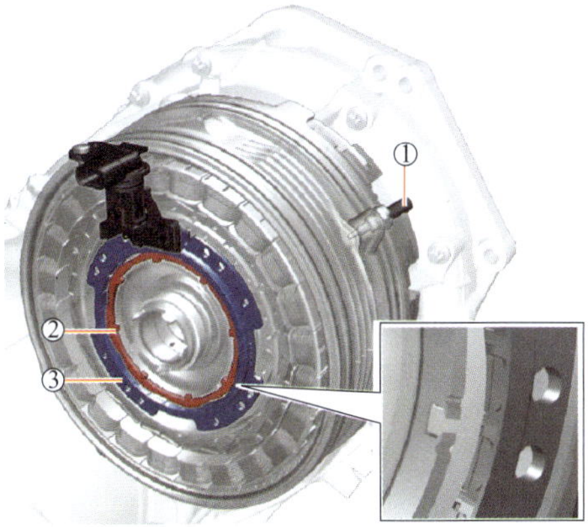

电机的组件在工作时不允许超过特定温度。用一个温度模型和一个温度传感器监控电机温度。该传感器被设计为带负温度系数（NTC）的可变电阻器，测量自动变速箱壳体上的冷却液出口温度。NTC 越高，电阻值就越小。

图 6-44　F18 PHEV 电机传感器安装位置
1—温度传感器；2—转子位置传感器转子；
3—转子位置传感器定子

电机-电子伺控系统分析温度传感器的信号，将这些信号与计算出的温度模型进行比较，如果电机温度接近允许的最高值，就降低电机功率。不再在一个定子绕组上安装单独的温度传感器。

为了在任何情况下都能确保电机的温度可靠性，在 F18 PHEV 中使用冷却液冷却电机。为了达到此目的，电机连接在发动机的冷却液循环中，见图 6-45。

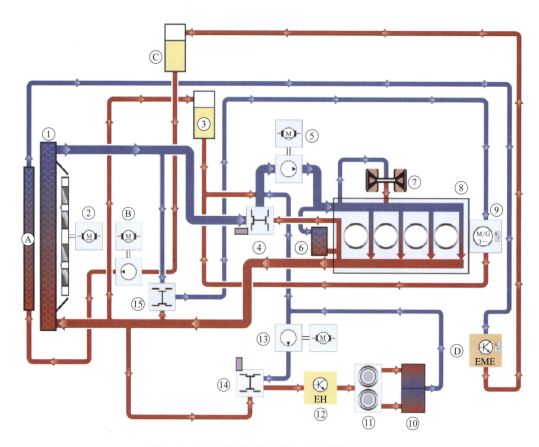

图 6-45　F18 PHEV 发动机和电机的冷却液循环

A—冷却液-空气热交换器（电机-电子伺控系统的冷却液循环）；B—电动冷却液泵（电机-电子伺控系统的冷却液循环，80W）；C—冷却液热膨胀平衡罐（电机-电子伺控系统的冷却液循环）；D—电机-电子伺控系统 EME；1—冷却液-空气热交换器（发动机和电机的冷却液循环）；2—电动风扇；3—冷却液热膨胀平衡罐（发动机和电机的冷却液循环）；4　特性曲线节温器；5—电动冷却液泵（发动机和电机的冷却液循环，400W）；6—发动机油冷却器；7—废气涡轮增压器；8—发动机；9—电机；10—暖风热交换器；11—双水阀；12—电加热装置；13—加热循环回路的电动冷却液泵；14—电动转换阀；15—电机节温器

如图 6-46 所示，为了冷却定子绕组，在定子支架和自动变速箱壳体之间有一个冷却通道，冷却液通过该通道从发动机冷却回路中流出。冷却通道分别通过两个密封环向前和向后密封。变速箱油对转子进行冷却，油雾状的变速箱油吸收热量并在变速箱油冷却器上将热量排到大气中。

电机自带一个节温器，将冷却液进流温度调到约 80℃ 的最佳范围。由于电机工作温度低于发动机工作温度，因此这种调节是必要的。节温器通过一个石蜡恒温元件进行调节，该石蜡恒温元件根据冷却液温度膨胀。此时不存在电动控制，节温器运行状态如图 6-47 所示。

冷却液温度较低时，节温器是关闭的。例如在暖机阶段中就是这种情况。此时，节温器堵住冷却液-空气热交换器的冷却液，将发动机的冷却液输送到电机。通过这种方式可迅速达到最佳工作温度。

由于发动机冷却液温度高，节温器因此部分打开。这导致来自发动机的高温冷却液与来自冷却液-空气热交换器的低温冷却液相互混合。在连接电机的冷却液供给管路中以这种"混合模式"自行调节冷却液温度，使之保持在约 80℃ 的最佳温度范围。

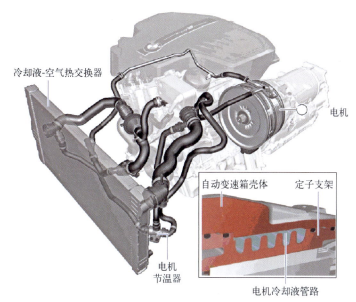

冷却液-空气热交换器

电机

自动变速箱壳体　定子支架

电机
节温器

电机冷却液管路

图 6-46　F18 PHEV 电机的冷却装置

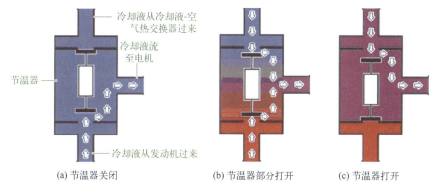

冷却液从冷却液-空
气热交换器过来

冷却液流
至电机

节温器

冷却液从发动机过来

(a) 节温器关闭　　　　(b) 节温器部分打开　　　　(c) 节温器打开

图 6-47　F18 PHEV 电机节温器运行状态

　　如果冷却液-空气热交换器的冷却液温度额外上升，节温器就完全打开。例如，当发动机节温器打开大冷却液循环时，就会出现这种情况。由于额外升温，节温器关闭来自发动机的冷却液管路。现在，来自冷却液-空气热交换器的所有冷却液都流入电机中。

　　电机-电子伺控系统由一个独立的冷却液循环进行冷却，循环回路如图 6-48 所示。

　　冷却液循环组成部分见图 6-49，具体有：

- 一个冷却液-空气热交换器；
- 一个电动冷却液泵（80W）；
- 一个热膨胀平衡罐；
- 冷却液管；
- 电机-电子伺控系统。

　　冷却液-空气热交换器集成在冷却模块中。根据电机-电子伺控系统的冷却请求，以优化的需求量和消耗量控制电动冷却液泵和电动风扇。

　　通过根据需求控制电动风扇和电动冷却液泵，避免可能有损电子装置使用寿命的剧烈温度波动以及省电地进行冷却。

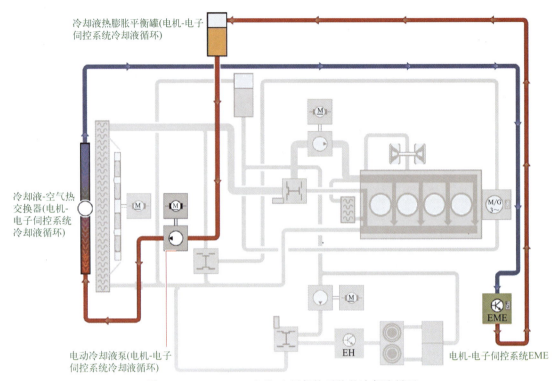

冷却液热膨胀平衡罐(电机-电子伺控系统冷却液循环)

冷却液-空气热交换器(电机-电子伺控系统冷却液循环)

电动冷却液泵(电机-电子伺控系统冷却液循环)

电机-电子伺控系统EME

图 6-48　F18 PHEV 电机-电子伺控系统的冷却液循环

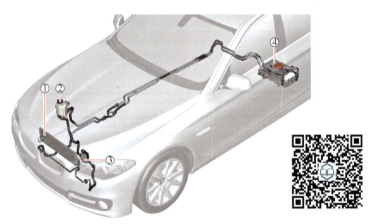

图 6-49　F18 PHEV 电机-电子伺控系统冷却液循环安装位置

1—冷却液-空气热交换器；2—热膨胀平衡罐；3—电动冷却液泵（80W）；4—电机-电子伺控系统 EME

第7章

整车与混动控制系统

7.1 整车控制系统

7.1.1 纯电动汽车

以荣威 ERX5 EV 为例，整车控制器（VCU）用于行车控制，安装于车辆左前翼子板位置，拆下左前翼子板即可看见，见图 7-1。

整车控制器（VCU）的功能是根据踏板信号和挡位状态解释驾驶员的驾驶意图，依据动力系统部件状态协调动力系统输出动力。另外 VCU 具有冷却风扇控制、仪表显示等辅助功能，系统框图如图 7-2 所示。

① 驾驶员意图分析-制动与加速

VCU 读取换挡控制单元（SCU）的 PRND 信息及制动开关信号。VCU 根据加速踏板的位置信号，发送给驱动电机控制单元（MCU）进行输出控制。

注意：当外部充电线连接在车上时，VCU 将接收到 BMS 充电进行中的信息，此时整车控制系统将禁止车辆移动。

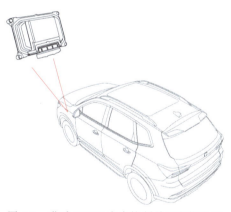

图 7-1 荣威 ERX5 车身控制单元安装位置

② 动力模式管理

a. VCU 能够根据车辆状态获取期望的转矩并将这些信息发送到 MCU。

b. BMS 监控当前动力电池包的状态并反馈给 VCU，VCU 结合这些状态信息及当前的功率输出需求来平衡高压电功率的使用。

c. 电空调压缩机和 PTC 高压电模块必须根据当前的 VCU 动力限制或者坡度限制开始工作。

③ 制动能量回收

滑行或者减速的时候，整车控制系统能够进行制动能量的回收。制动能量通过驱动电机转换为电能储存到动力电池组中。

注意：当 ABS 被激活或者 ABS 故障的时候，整车控制系统将关闭该功能。

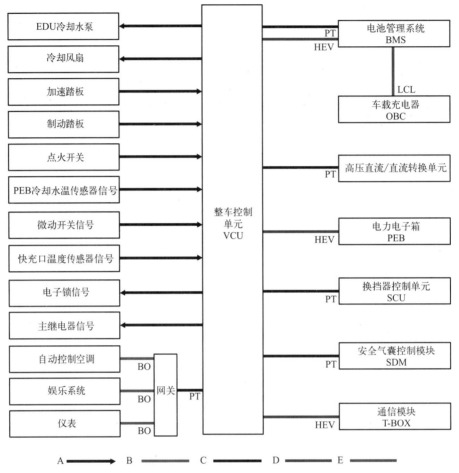

图 7-2　整车控制器系统框图

A—硬线；B—车身高速 CAN 线；C—动力高速 CAN 线；D—混动高速 CAN 线；E—本地高速 CAN 线

④ 辅助功能

a. 冷却风扇控制：根据热管理策略控制冷却风扇的工作。

b. 仪表显示：仪表上动力系统就绪、动力系统故障的信号来自 VCU。

c. 充电下的辅助功能：充电模式下，VCU 控制风扇、冷却水泵和 DC/DC 工作。

北汽新能源 EV200 纯电动汽车的整车控制原理组成如图 7-3 所示，控制器相关功能说明见表 7-1。

表 7-1　北汽新能源 EV200 整车控制器功能说明

序号	功能	控制说明
1	驾驶员意图解析	主要是对驾驶员操作信息及控制命令进行分析处理，也就是将驾驶员的油门信号和制动信号根据某种规则，转化成电机的需求转矩命令。驱动电机对驾驶员操作的响应性能完全取决于整车控制的油门解释结果，这直接影响驾驶员的控制效果和操作感觉

序号	功能	控制说明
2	驱动控制	根据驾驶员对车辆的操纵输入(加速踏板、制动踏板以及选挡开关)、车辆状态、道路及环境状况,经分析和处理,向 VMS 发出相应的指令,控制电机的驱动转矩来驱动车辆,以满足驾驶员对车辆驱动的动力性要求;同时根据车辆状态,向 VMS 发出相应指令,保证安全性、舒适性
3	制动能量回馈控制	整车控制器根据加速踏板和制动踏板的开度、车辆行驶状态信息以及动力电池的状态信息(如 SOC 值)来判断某一时刻能否进行制动能量回馈,在满足安全性能、制动性能以及驾驶员舒适性的前提下,回收部分能量。制动控制包括滑行制动和刹车制动过程中的电机制动转矩控制。 　　根据加速踏板和制动踏板信号,制动能量回收可以分为两个阶段:阶段一是在车辆行驶过程中驾驶员松开加速踏板但没有踩下制动踏板开始;阶段二是在驾驶员踩下了制动踏板后开始。 　　制动能量回馈的原则:能量回收制动不应该干预 ABS 的工作。当 ABS 进行制动力调节时,制动能量回收不应该工作;当 ABS 报警时,制动能量回收不应该工作;当电驱动系统具有故障时,制动能量回收不应该工作
4	整车能量优化管理	通过对电动汽车的电机驱动系统、电池管理系统、传动系统以及其他车载能源动力系统(如空调、电动泵等)的协调和管理,提高整车能量利用效率,延长续驶里程
5	充电过程控制	与电池管理系统共同进行充电过程中的充电功率控制,整车控制器接收到充电信号后,应该禁止高压系统上电,保证车辆在充电状态下处于行驶锁止状态,并根据电池状态信息限制充电功率,保护电池
6	高低压上下电控制:上下电顺序控制、慢充时序、快充时序	根据驾驶员对行车钥匙开关的控制,进行动力电池的高压接触器开关控制,以完成高压设备的电源通断和预充电控制。上下电流程处理:协调各相关部件的上电与下电流程,包括电机控制器、电池管理系统等部件的供电,预充电继电器、主继电器的吸合和断开时间等
7	电动化辅助系统管理	电动化辅助系统包括电动空调、电制动、电动助力转向三部分
8	车辆状态的实时监测和显示	整车控制器应该对车辆的状态进行实时检测,并且将各个子系统的信息发送给车载信息显示系统,其过程是通过传感器和 CAN 总线,检测车辆状态及其动力系统及相关电器附件相关各子系统状态信息驱动显示仪表,将状态信息和故障诊断信息通过数字仪表显示出来
9	故障诊断与处理	连续监视整车电控系统,进行故障诊断,并及时进行相应安全保护处理。根据传感器的输入及其他通过 CAN 总线通信得到的电机、电池、充电机等的信息,对各种故障进行判断、等级分类、报警显示;存储故障码,供维修时查看。故障指示灯指示出故障类型和部分故障码。在行车过程中,根据故障内容,进行故障诊断与处理
10	远程控制	1. 远程空调控制:无论是在炎热的夏季还是在寒冷的冬季,用户在出门前就可以通过手机指令实现远程的空调制冷、空调暖风和除霜功能,尤其对带宝宝出门的用户,提前开启远程暖风或远程制冷,用户和宝宝一上车就可以进入一个舒适的环境和温度。 　　2. 远程充电控制:用户离开车辆时将充电枪插入充电桩,并不进行立即充电,可以利用电价波谷充电并在家里实时查询 SOC 值,需要充电时通过手机 APP 发送远程充电指令,进行充电操作

序号	功能	控制说明
11	整车 CAN 总线网关及网络化管理	在整车的网络管理中,整车控制器是信息控制的中心,负责信息的组织与传输、网络状态的监控、网络节点的管理、信息优先权的动态分配以及网络故障的诊断与处理等功能。通过 CAN(EVBUS)线协调电池管理系统、电机控制器、空调系统等模块相互通信
12	基于 CCP 的在线匹配标定	主要作用是监控 ECU 工作变量、在线调整 ECU 的控制参数(包括 MAP、曲线及点参数三部分)、保存标定数据结果以及处理离线数据等。完整的标定系统包括上位机 PC 标定程序、PC 与 ECU 通信硬件连接及 ECU 标定驱动程序三个部分
13	DC/DC 控制、EPS 控制	整车控制器应该根据动力电池以及低压电池状态,对 DC/DC、电动化辅助系统进行监控
14	挡位控制功能	挡位管理关系驾驶员的驾驶安全,正确理解驾驶员意图以及识别车辆合理的挡位,在基于模型开发的挡位管理模块中应得到很好的优化,能在出现故障时作出相应处理保证整车安全,在驾驶员出现挡位误操作时通过仪表等提示驾驶员,使驾驶员能迅速做出纠正
15	防溜车控制	纯电动汽车在坡上起步时,驾驶员从松开制动踏板到踩加速踏板过程中,会出现整车向后溜车的现象。在坡上行驶过程中,如果驾驶员踩加速踏板的深度不够,整车会出现车速逐渐降到 0 然后向后溜车现象。为了防止纯电动在坡上起步和运行时向后溜车现象,在整车控制策略中增加了防溜车功能。防溜车功能可以保证整车在坡上起步时,向后溜车小于 10cm;在整车坡上运行过程中如果动力不足,整车车速会慢慢降到 0,然后保持 0 车速,不再向后溜车
16	远程监控	远程查询功能:用户可以通过手机 APP 实时查询车辆状态,实时了解自己爱车的状况包括剩余 SOC 值、续驶里程等

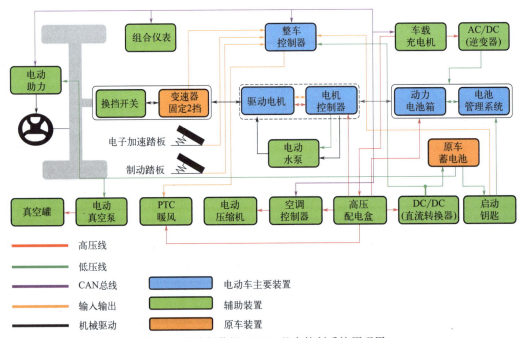

图 7-3 北汽新能源 EV200 整车控制系统原理图

整车控制系统连接如图 7-4 所示。

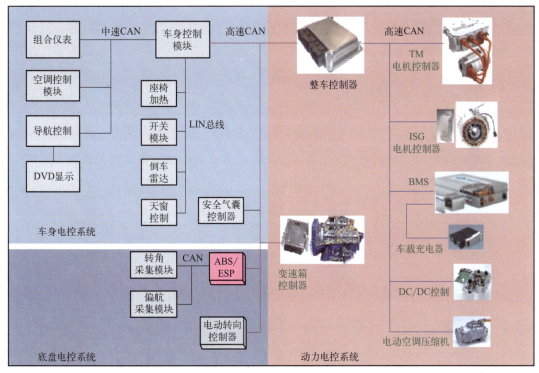

图 7-4　整车控制系统框图

7.1.2　增程式电动汽车

整车控制器（简称 VCU）是新能源汽车控制系统的核心控制单元，它负责对整车动力链的各个环节进行管理、协调和监控，以提高整车能量利用效率，确保安全和可靠性。

VCU 是电动汽车车辆控制系统的核心控制单元，监测车辆信息及驾驶员意图，控制下层各部件控制器及执行器的动作。负责协调各控制系统的协同工作，为车辆的良好运行提供完善的控制逻辑。

理想 one 汽车整车控制器电路简图如图 7-5 所示，功能描述列表见表 7-2。

表 7-2　理想 one 整车控制系统功能列表

序号	项目	功能描述
1	制动能量优化控制	VCU 根据加速踏板和制动踏板的开度以及动力电池的 SOC 值来判断某一时刻能否进行制动能量回馈，如果可以进行，VCU 向电机控制器发出制动指令，回收能部分能量
2	整车能量管理	在电池的 SOC 值比较低的时候，VCU 将对某些电动附件发出指令，限制电动附件的输出功率，来增加续驶里程
3	车辆状态的监测和显示	对车辆的状态进行实时检测，并且将各个子系统的信息发送给车载信息显示系统，其过程是通过传感器和 CAN 总线，检测车辆状态及其各子系统状态信息，驱动显示仪表，将状态信息和故障诊断信息经过显示仪表显示出来
4	增程器控制	增程器控制系统根据当前驾驶工况，控制增程器系统提供目标发电功率，并实现发动机启停，加载卸载的稳定控制，以及发动机最经济工作点控制等

序号	项目	功能描述
5	整车热管理控制	为实现整车各项性能,各子系统部件需要运行在合理温度范围
6	整车上电与下电过程	①钥匙解锁车辆,车门开启后或驾驶员坐入座椅,整车电源自动切换为 ACC,仪表自动开机,高压系统自动上电,允许用户使用空调和娱乐系统; ②踩下制动踏板,整车电源模式自动切换为 ON 模式,整车自动进入 Ready 模式; ③驾驶员在 ON(Ready)模式下,打开车门,离开驾驶座位,电源自动切换为 ACC; ④驾驶员离开座椅后,关闭车门,电源模式自动切换为 OFF,并且电子手刹自动拉起,确保车辆在 OFF 状态下不溜车

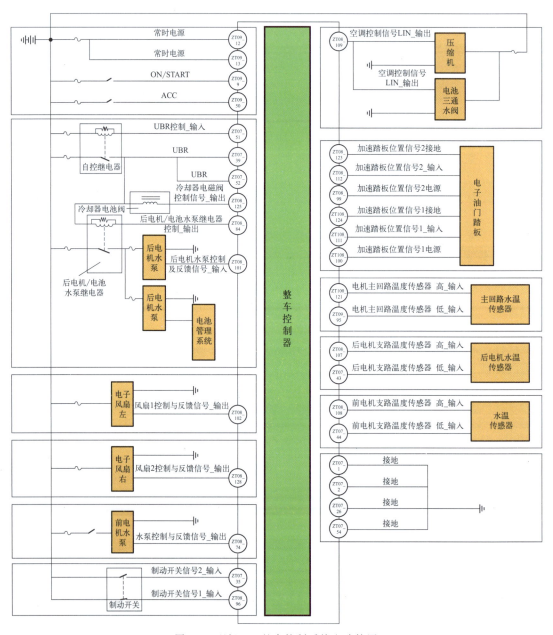

图 7-5　理想 one 整车控制系统电路简图

7.1.3　插电混动式汽车

传祺 GA3S PHEV 整车控制器作为电动汽车的核心部件，负责实现整车控制策略，协调各子系统工作，是电动汽车的控制中枢。整车控制器功能框图如图 7-6 所示，其关联模块功能描述见表 7-3。

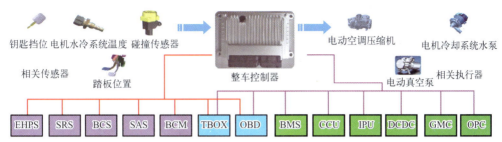

钥匙挡位　电机水冷系统温度　碰撞传感器　　　　　　　　电动空调压缩机　　　电机冷却系统水泵

相关传感器　　　　　　　　　　　　　整车控制器　　　　　　　　　　　相关执行器
　　　　踏板位置　　　　　　　　　　　　　　　　　电动真空泵

| EHPS | SRS | BCS | SAS | BCM | TBOX | OBD | BMS | CCU | IPU | DCDC | GMC | OPC |

图 7-6　传祺 GA3S PHEV 整车控制器功能框图

表 7-3　传祺 GA3S PHEV 整车控制器关联模块功能

零件名称	缩写	功能	零件名称	缩写	功能
电子控制动力转向系统	EHPS	控制电磁阀的开度,从而满足高、低速时的转向助力要求	电池管理单元	BMS	检测动力电池状态,控制动力电池输入/输出
安全气囊	SRS	被动安全性保护系统,与座椅安全带配合使用,为乘员提供防撞保护	整车控制器	VCU(HCU)	接收整车高压/低压附件信号,对整车进行控制
车身控制系统	BCS	控制 ABS/ESP	耦合控制单元	CCU	检查 GMC 油压/油温,通过控制电磁阀实现离合器吸合/断开
半主动悬架	SAS	通过传感器感知路面状况和车身姿态,改善汽车行驶平顺性和稳定性的一种可控式悬架系统	集成电机控制器	IPU	控制驱动电机和发电机
车身控制模块	BCM	设计功能强大的控制模块,实现离散的控制功能,对众多用电器进行控制	直流/直流转换器	DC/DC	将动力电池内高压直流电转化为 12V,供低压用电器使用
远程监控系统	TBOX	行车时实时上传整车信号至服务器,实现对车辆的实时动态监控	机电耦合系统	GMC	内置 TM、ISG、差减速器,实现整车动力输出
车载诊断系统	OBD	诊断整车故障状态	低压油泵控制器	OPC	辅助控制 GMC 内部冷却油流动

7.2　混合动力控制系统

7.2.1　丰田 THS 混合动力控制系统

丰田 THS（Toyota Hybrid System）系统即为丰田混合动力系统英文全称缩写。THS 的核心是由行星齿轮机构组成的动力合成器（PSD，Power Split Device）（或称为动力分配器），用于协调发动机、发电机和电动机的运行和动力传递。

THS 系统控制功能如表 7-4 所述。

表 7-4　丰田 THS 系统功能

项目	概要
急速停止	自动停止发动机的急速运转（急速停止）以减少能量损失
EV 行驶（高效行驶控制）	发动机效率低时，仅使用电机即可驾驶车辆。此外，发动机效率高时可发电。进行此控制的目的是使车辆的总效率达到最高
EV 行驶模式	如果驾驶员操作开关且满足工作条件，车辆即可仅依靠电机行驶
电机辅助	加速时，电机补充发动机动力
再生制动（能量再生）	减速期间和踩下制动踏板时，收集以往以热量形式损失的部分能量，生成电能重新使用，如用作电机动力

THS-II 主要由发动机、混合动力车辆传动桥总成、带转换器的逆变器总成和 HV 蓄电池组成，采用混联式混合动力系统，总成部件见图 7-7。

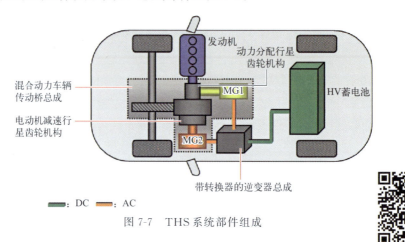

图 7-7　THS 系统部件组成

以雷克萨斯 CT200H 车型为例，该车混合动力系统部件如图 7-8 所示。

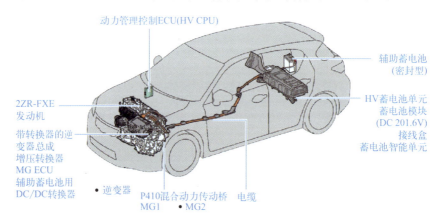

图 7-8　雷克萨斯 CT200H 混合动力系统部件

7.2.2　本田 i-MMD 混合动力系统

本田的 i-MMD（Intelligent Multi Mode Drive）智能化多模式驱动系统混合动力系统为串联式基础上同时具备发动机直接驱动模式（高速时）的全新混动模式，系统关键构成部件如图 7-9 所示。

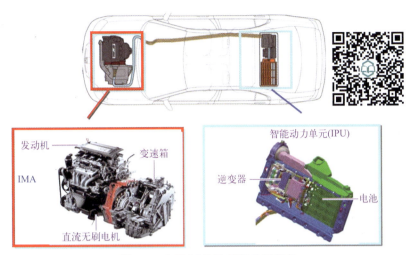

图 7-9　本田 i-MMD 系统关键部件

电动动力系统由高压电机和发动机提供动力。系统根据行驶情况或通过手动操作 EV 开关切换驱动动力。发动机为 LFA1 2.0 L DOHC i-VTEC 顺序多点燃油喷射发动机，与高压电机联合驱动车辆。

除发动机外，其主要部件还包括：变速箱（e-CVT）内的两个高压电机、发动机室中的电源控制单元（PCU）、行李厢中的动力电池、PCU 和动力电池之间的高压电机电源逆变器单元电缆。系统组成如图 7-10 所示。

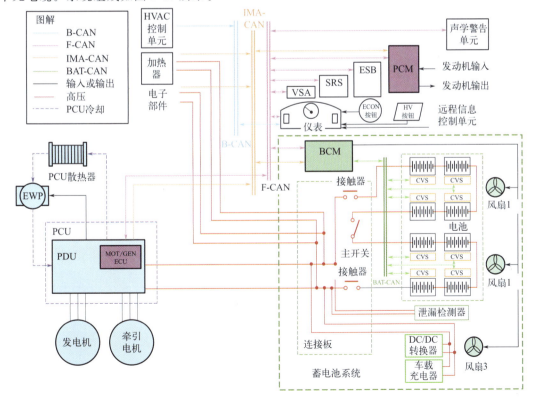

图 7-10　本田 i-MMD 电动动力系统

7.2.3 比亚迪EHS混合动力系统

DM是DualModel的缩写，意思是双模式（燃油＋电动）。比亚迪的DM车型都是插电式混合动力汽车（PHEV）。DM-i是比亚迪主打超低油耗的超级混动技术，与其对应就是DM-p主攻四驱性能型的超混技术。DM-i（DM第4代的精简优化版）与DM（第4代性能加强版为DM-p）的对比区别如表7-5所示。

表7-5　比亚迪DM各版本区别

项目	混动技术类型		
	DM	DM-i	DM-p
技术目标	节能与性能兼顾	更低能耗	更高性能
电机布置	180kW后置(后驱)；250kW前置＋180kW后置(四驱)	145kW/160kW前置(前驱)	与DM相同
发动机类型	2.0T普通发动机，最大功率141kW，最大转矩320Nm	1.5T骁云(米勒循环)发动机，最大功率139kW，最大转矩231Nm	与DM相同
变速箱类型	6挡湿式双离合变速器	E-CVT无级变速器	与DM相同

以宋PLUS DM-i为例，高压系统主要包括双电机（前驱动电机＋发电机＋变速器总成维修包）、双电控（发电机控制器＋驱动电机控制器）、高压配电盒、动力电池包、PTC、电动压缩机、车载电源总成、直流充电配电盒（110km续航）、充电口、高压电缆等部分，如图7-11所示。

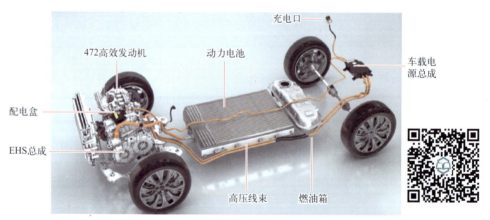

图7-11　宋Plus DM-i动力与高压系统部件

该车型有两种不同的配置，51km车型高压部件布局如图7-12所示，该配置无直流充电功能，动力电池包输出的高压电经过前电控，通过高压配电盒分配给压缩机、PTC及OBC/DC。正极接触器、预充接触器、负极接触器、高压监控模块HVSU（集成漏电传感器、电流霍尔传感器、接触器烧结检测等）及BMC（动力电池包管理器）集成在电池包内部。

110km车型高压部件布局如图7-13所示，除低配高压结构特点外，增加了直流充电配电盒，其中集成了直流充电正、负极接触器及交流充电接触器。由于只有一个充电口，所以随车配有交直流转换插头。车载与前舱高压配电盒连接必须经过直流充电配电盒。

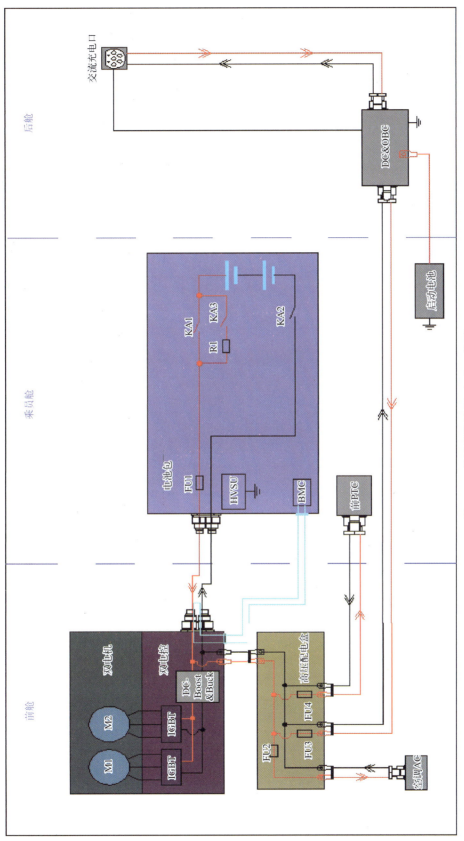

图 7-12　高压系统配置（51km 车型）

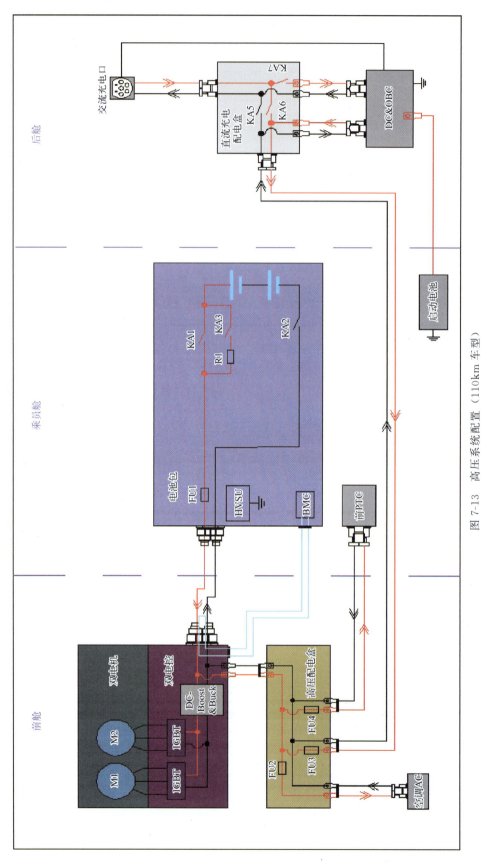

图 7-13 高压系统配置（110km 车型）

　　EHS 系统是 DM-i 超级混动的核心，集成了发电机、驱动电机、双电控（可单独更换）、离合器以及液压系统，如图 7-14 所示。发电机由发动机带动发电，产生的电能可通过驱动电机驱动车轮转动以及给整车低压用电器供电，还能给动力电池包充电。驱动电机可以利用发电机产生的电能以及电池包的电能来驱动车辆，双电控则控制着发电和驱动两个过程。离合器通过结合和分离可实现发动机发电和直驱两种模式的转换。液压系统则通过油路实现齿轮和轴的润滑以及电机的降温。

图 7-14　EHS 系统组成

　　EHS 各工作模式下部件工作状态及动力流传递路径如表 7-6 所示。

表 7-6　EHS 工作模式

工作模式	离合器状态	动力源	传力路径
EV 纯电模式	脱开	驱动电机	驱动电机→副轴→差速器
HEV 串联模式	脱开	发动机＋驱动电机	发动机→离合器→发电机轴→发电机→逆变器(DC)→驱动电机→副轴→差速器
HEV 并联模式	结合	发动机＋驱动电机	路线一：发动机→离合器→主轴→副轴→差速器 路线二：驱动电机→副轴→差速器

第8章

底盘系统

8.1 传动系统

8.1.1 减速器功能型变速箱

以宝马 i3 为例，变速箱总传动比为 9.7：1，因此变速箱输入端的转速是变速箱输出端的 9.7 倍，该传动比通过两个圆柱齿轮对来实现。在变速箱内输入轴旁还有一个中间轴，变速箱输出端处的圆柱齿轮与差速器壳体固定连接在一起并驱动差速器。变速器内部齿轮结构如图 8-1 所示。差速器将转矩分配给两个输出端并在两个输出端之间进行转速补偿。

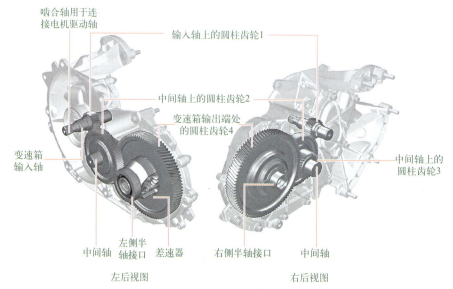

图 8-1　变速箱结构

图 8-2 的结构示意图以简化形式展示了变速箱内的转矩传输情况。

特斯拉电动汽车的驱动单元设有一个单速齿轮减速齿轮箱，位于电机和变频器之间，见图 8-3。变速箱通过两个相等长度驱动轴与后轮连接。变速箱采用双级减速和三轴副轴结构。铸铝变速箱外壳配有齿轮箱、变频器透气孔、注油和排水塞。

 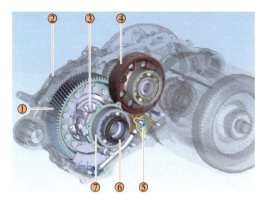

图 8-2　变速箱内部转矩传输　　　　图 8-3　特斯拉电动汽车变速箱结构

1—齿圈；2—变速箱外壳；3—差速器；4—中间轴齿轮；

5—油泵；6—传动轴密封；7—差速器轴承

挡位选择器和变速箱之间没有机械连接。变速箱齿轮组是常啮合的。变速箱设有机械空挡或倒挡，并设有停车棘爪。反向驱动是由反转电机转矩的极性来实现的。空挡是通过电动机断电来实现的。

广汽新能源所研发的机电耦合系统（GMC）将发电机、驱动电机、离合器、传动齿轮以及差减速器集成为一体；该方案采用发动机与发电机同轴、双电机并排布置的结构，单速比传动，通过离合器/制动器的控制实现纯电动、增程、混动等多种模式。

GMC 关键部件包括：电机系统（驱动电机、发电机）、离合器、液压系统（液压模块、电动泵、吸滤器、机械泵）、传动系及 P 挡机构、壳体及其附件、油管组件、其他标准件。组成部件如图 8-4 所示。各部件功能说明见表 8-1。

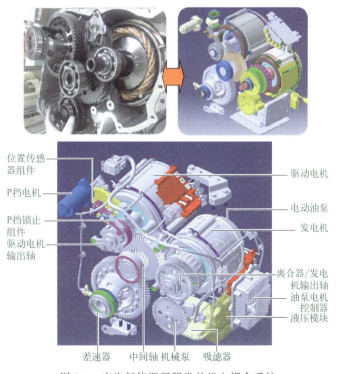

图 8-4　广汽新能源所研发的机电耦合系统

表 8-1　系统组成部件功能说明

产品类型	功能描述
液压模块	实现油压的控制、液压流量的分配
电动油泵	液压系统油源,为系统供油
吸滤器	过滤油液
机械泵	液压系统油源,为系统供油
P挡电机	P挡机构通过锁止驱动电机输出轴,实现P挡驻车
离合器	通过控制离合器的接合与分离,控制发动机动力是否输出到车轮参与驱动,从而实现驱动模式的切换
传动系	传动系实现将驱动电机、发动机动力耦合输出到驱动轴

机电耦合系统可以工作于纯电、增程与混动三种模式,相关作用部件布置如图 8-5 所示,各模式下不同部件作用关系见表 8-2。

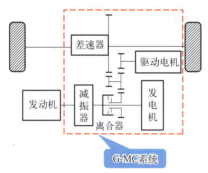

图 8-5　GMC 系统部件布置

表 8-2　不同工作模式相关部件作用关系

模式	执行部件				启动条件	
	发动机	发电机	驱动电机	离合器	SOC	车速
纯电模式	—	—	驱动	开	高	低
增程模式	发电	发电	驱动	开	低	低
混动模式	驱动+发电	发电	辅助驱动	合		高

离合器处于分离状态,发动机和发电机不工作,驱动电机工作,能量全部来源于动力电池;该模式用于动力电池 SOC 高于一定值时。传动路径如图 8-6 所示。

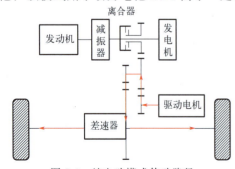

图 8-6　纯电动模式传动路径

离合器处于分离状态,发动机启动,驱动发电机发电,驱动电机驱动车辆行驶;该模式用于 SOC 较低时的低速增程行驶工况。传动路径如图 8-7 所示。

离合器结合,发动机输出动力部分驱动发电机发电,部分输出与驱动电机动力耦合,最后输出到差减速器,驱动车辆行驶;该模式用于 SOC 较低时的高速增程行驶工况。传动路径如图 8-8 所示。

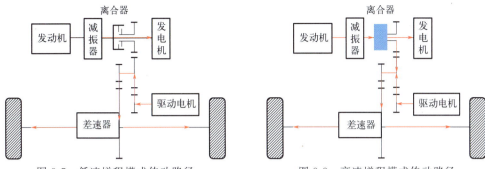

图 8-7　低速增程模式传动路径　　　　图 8-8　高速增程模式传动路径

8.1.2　集成电机的自动变速箱

以宝马 5 系 PHEV 车型为例，该车搭载的混动变速箱型号为 GA8P75HZ。该变速箱中的混合动力部分由双质飞轮、辅助扭转减振器、分离离合器、电机组成，并采用了电动辅助机油泵，用于在变速箱输入轴静止时供应变速箱油压。变速箱剖面结构见图 8-9。

在 GA8P75HZ 变速箱中加强了多片式制动器 B。多片式制动器 B 除了起到换挡元件的作用，还必须实现车辆的起步和蠕行，因此有必要进行加强。

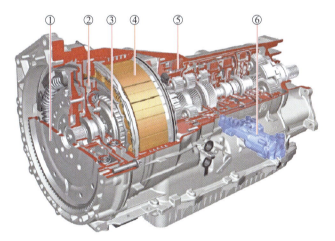

图 8-9　GA8P75HZ 变速箱结构剖视图

1—双质飞轮（包括带扭转减振器和离心力摆）；2—辅助扭转减振器；3—分离离合器；4—电机；

5—多片式制动器 B；6—电动辅助机油泵

图 8-10 是 GA8P75HZ 变速箱的变速箱骨架。

制动器和离合器被称为换挡元件，能够实现所有挡位的切换。与 GA8HP70Z 变速箱相同，在 GA8P75HZ 变速箱中使用以下换挡元件：

- 两个固定的多片式制动器（制动器 A 和 B）；
- 三个围绕的多片式离合器（离合器 C、D 和 E）。

多片式离合器（C、D 和 E）将驱动转矩传导到行星齿轮组中。多片式制动器（A 和 B）将转矩顶向变速箱壳体。离合器和制动器以液压方式接合。为此给一个活塞施加油压，从而让活塞压紧摩擦片组。变速箱内部连接部件如图 8-11 所示。

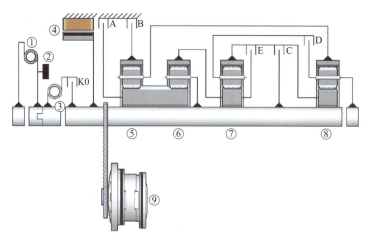

图 8-10　GA8P75HZ 变速箱结构示意图

1—扭转减振器；2—离心力摆；3—辅助扭转减振器；4—电机；5—齿轮组 1；6—齿轮组 2；7—齿轮组 3；8—齿轮组 4；

9—机械式机油泵；A—多片式制动器 A；B—多片式制动器 B；C—多片式离合器 C；

D—多片式离合器 D；E—多片式离合器 E；K0—分离离合器

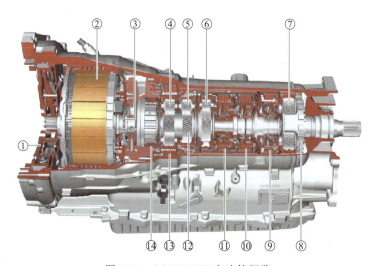

图 8-11　GA8P75HZ 变速箱概览

1—双质飞轮；2—电机；3—机械式油泵驱动链条；4—齿轮组 1；5—齿轮组 2；6—齿轮组 3；7—齿轮组 4；

8—驻车锁止器；9—多片式离合器 D；10—多片式离合器 C；11—多片式离合器 E；

12—齿轮组 1 和 2 共用中心齿轮；13—多片式制动器 B；14—多片式制动器 A

GA8HP75Z 变速箱换挡元件通过不同的配合可以产生八个挡位。表 8-3 展示了不同挡位的工作情形。

表 8-3　变速箱执行部件不同挡位工作情形

挡位	制动器 A	制动器 B	离合器 C	离合器 D	离合器 E
1	●	●	●		
2	●	●			●
3		●	●		●

续表

挡位	制动器 A	制动器 B	离合器 C	离合器 D	离合器 E
4		●		●	●
5		●	●	●	
6			●	●	●
7	●			●	
8	●			●	●
R	●	●		●	

注："●" 表示起作用的部件。

由于不再使用变矩器，因此更改了自动变速箱的多片式制动器 B。在 GA8P75HZ 变速箱中，通过多片式制动器 B 实现车辆的起步和蠕动。为此增加了盘片数量并扩大了盘片直径。为确保充分冷却，变速箱油根据需要流过集成式启动元件（多片式制动器 B）。

机械电子模块由液压换挡机构和电子控制单元组成，见图 8-12。控制单元布置在变速箱下部区域，被油底壳包围。液压换挡机构包括变速箱控制系统的机械组件等部分，如阀门、减振器和执行器。

为了用在 GA8P75HZ 中，对机械电子模块进行了调整，例如现在通过传感器③的转速信号计算启动离合器（多片式制动器 B）的滑差。在 GA8P75HZ 变速箱中，借助电机的转子位置传感器确定变速箱输入转速。

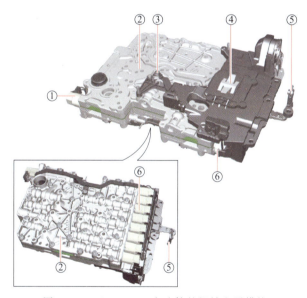

图 8-12　GA8P75HZ 变速箱的机械电子模块
1—驻车锁止器磁铁；2—液压换挡机构；3—行星齿轮架齿轮组 1 转速传感器；
4—电子控制单元；5—输出转速传感器；6—电子压力控制阀和电磁阀

如图 8-13 所示分离离合器固定集成到电机壳体中。它被设计为开放结构的湿式多片离合器，优化了摩擦损耗。为了在特定运行状态中将发动机与电机和传动系的其他部分断开，使用分离离合器。例如，在纯电动行驶时以及在"空挡滑行"行驶状态中就会进行这种脱离。

分离离合器具有很高的调节精度，这样就不会感觉到发动机的连接和断开。一旦分离离

图 8-13　分离离合器内部结构

1—辅助扭转减振器；2—分离离合器

合器接合，电机、变速箱输入轴和发动机就以相同的转速旋转。通过变速箱油进行分离离合器的冷却。

与自动变速箱的所有离合器和多片式制动器一样，分离离合器也由机械电子模块操纵。分离离合器在失压状态下断开。因此，要接合离合器就需要变速箱油压。通常通过机械式机油泵提供该压力。在特殊情况下，例如电机失灵时，也可通过电动辅助油泵接合分离离合器。不过，这种情况会有损舒适性。

由于分离离合器断开后通过电机驱动机械式机油泵，因此当电机失灵以及变速箱油温低于 $-15℃$ 时分离离合器无法接合，也就不能执行起步过程。

与传统变速箱中的变矩器一样，F18 PHEV 中的分离离合器能够通过滑差微调功能防止发动机的不均匀运转状态传递到传动系的其他部分。这样就能在极低的发动机转速下明显改善车内的噪声水平。

8.1.3　行星齿轮式变速箱

丰田 P410 混合动力车辆传动桥总成包括 2 号电动机发电机（MG2）（用于驱动车辆）和 1 号电动机发电机（MG1）（用于发电）两部分，采用带复合齿轮装置的无级变速器装置。该传动桥应用于丰田雷凌-卡罗拉双擎、第 7 代凯美瑞混动、第 3 代普锐斯、雷克萨斯 CT200H、ES300H 等车型上。

此混合动力传动桥系统使用电子换挡杆系统进行换挡控制。

传动桥主要包括：MG1、MG2、复合齿轮装置、变速箱输入减振器总成、中间轴从动齿轮、主减速齿轮、差速器齿轮机构和油泵。组成部件如图 8-14 所示。

传动桥为三轴结构。复合齿轮装置、变速箱输入减振器总成、油泵、MG1 和 MG2 安装在输入轴上，中间轴从动齿轮和主减速齿轮安装在第二轴上，减速从动齿轮和差速器齿轮机构安装在第三轴上。齿轮组连接如图 8-15 所示。

发动机、MG1 和 MG2 通过复合齿轮装置机械连接。每一个行星齿圈与复合齿轮机构结合，见图 8-16。复合齿轮装置包括动力分配行星齿轮机构和电动机减速行星齿轮机构两部分。各行星齿圈与复合齿轮集成于一体。另外，此复合齿轮还集成了中间轴主动齿轮和驻车挡齿轮。

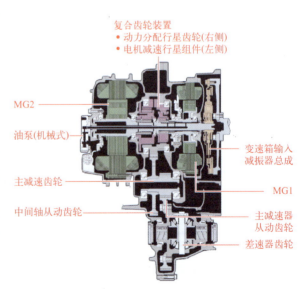

图 8-14　丰田 P410 传动桥内部结构

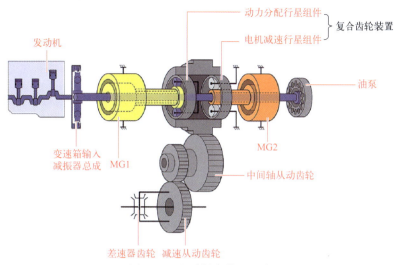

图 8-15　驱动桥齿轮组组成

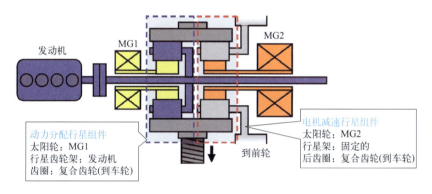

图 8-16　齿轮组连接与动力分配

动力分配行星齿轮机构将发动机的原动力分成两路：一路用来驱动车轮；另一路用来驱动 MG1。因此，MG1 可当发电机使用。为了降低 MG2 的转速，采用电动机减速行星齿轮机构，使高转速、大功率的 MG2 最佳适应复合齿轮。该齿轮装置结构如图 8-17 所示。

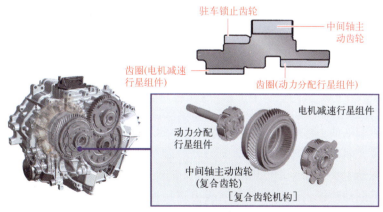

图 8-17　复合齿轮机构

8.2 电动制动系统

8.2.1 系统组成与部件构造

以大众电动汽车所采用的 eBKV 制动系统为例。该制动系统包括以下部件：串联式制动主缸、车轮制动器、电子机械式制动助力器、ESC/ABS 系统、制动系统蓄压器和三相电流驱动装置。组成部件如图 8-18 所示。通过电子机械式制动助力器增强驾驶员施加的制动踏板力。

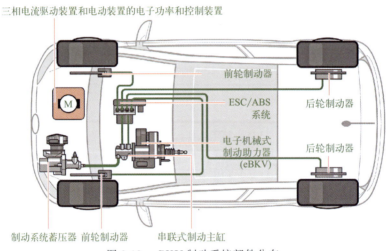

图 8-18　eBKV 制动系统部件分布

可实现制动能量回收的制动系统是专为配备三相电流驱动装置的车辆而开发。在发电机运行模式下，三相电流驱动装置会根据转速、动力电池的温度及电量产生制动效果。这种相互关系会导致不稳定的电子制动，因此必要时需要通过液压进行补偿。这种电子和液压制动之间的交替变化被称为 Brake Blending（联合制动）。"e-up！"车型最多可延迟 $3.5m/s^2$。由此回收的能量将提供给动力电池电驱动装置的电子功率和控制系统。在驾驶员制动期间，制动系统利用三相电流驱动装置的制动潜力，增加电动车辆的行驶距离。

可实现制动能量回收的制动系统包括电子机械式制动助力器（eBKV）、串联式制动主缸、制动系统蓄压器 VX70、三相电流驱动装置 VX54 和电动装置的电子功率和控制装置 JX1，如图 8-19 所示。

制动助力通过电子机械式制动助力器（eBKV）产生。eBKV 的优点包括：不依赖低压的制动助力器；联合制动功能；改进的压力升高动态特性；较高的压力点精度和均匀的制动踏板特性/踏板力。

电子机械式制动助力器安装在发动机舱中。它与制动系统蓄压器 VX70 和 ESC/ABS 相连接。电子机械式制动助力器包括制动助力器控制单元 J539、发动机/变速箱单元、eBKV 推杆和串联式制动主缸等部件，如图 8-20 所示。

驾驶员踩下制动踏板。通过推杆对踏板力进行控制并通过活塞杆传递到串联式制动主缸。为此将推杆以特定值向左移动。该数值通过制动踏板位置传感器 G100 传输到制动助力器控制单元 J539。同时 eBKV 识别发动机位置。这一信息由安装在发动机/变速箱单元中的

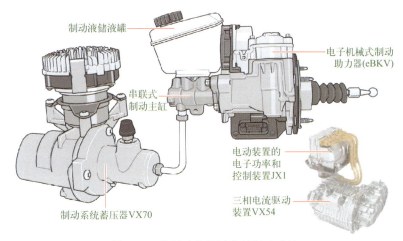

图 8-19　带制动能量回收的制动系统

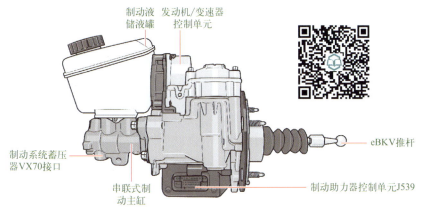

图 8-20　电子机械式制动助力器

制动助力器的发动机位置传感器 G840 提供。根据驾驶员制动要求信息和发动机位置，eBKV 的制动助力器控制单元 J539 计算出所需的制动助力。在此加强套筒从轴向运动的小齿轮轴向左侧移动，为驾驶员施加的踏板力提供支持，制动力通过 e-Golf 中的 eBKV 提高了 6 倍。电子制动助力器内部结构如图 8-21 所示。

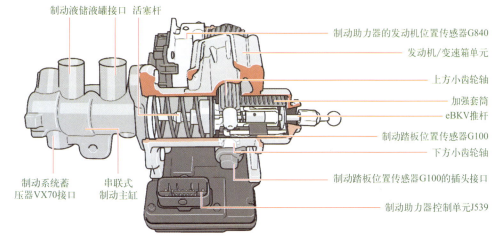

图 8-21　电子制动助力器内部构造

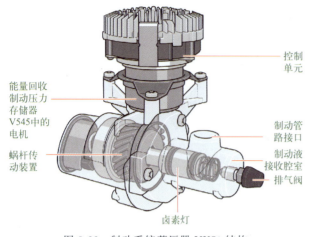

控制单元

能量回收制动压力存储器 V545中的电机

蜗杆传动装置

制动管路接口

制动液接收腔室排气阀

卤素灯

图 8-22　制动系统蓄压器 VX70 结构

制动灯和制动测试信号通过 eBKV 的制动踏板位置传感器 G100 进行控制。

制动系统蓄压器 VX70 储存根据需求供应的制动液，并将其流回到制动系统中，目的是降低制动压力。制动系统蓄压器 VX70 与串联式制动主缸直接连接。如果车辆通过三相电流驱动装置 VX54（发电机运行模式）制动，则未使用的制动液将储存在制动系统蓄压器 VX70 中。制动系统蓄压器内部结构如图 8-22 所示。

8.2.2　电动制动系统工作原理

通过系统元件实现 Brake Blending（联合制动）功能。如果制动助力器控制单元 J539 识别到发电机制动力不充分，则制动液在压力下从制动系统蓄压器 VX70 被输送到制动系统中。信号由制动助力器控制单元 J539 发送到制动系统蓄压器 VX70 控制单元。如果有足够的发电机制动力，则卸载车轮制动器上的制动压力。这是通过接收制动系统蓄压器 VX70 中的制动液实现的。为此应将活塞通过发动机拉回到能量回收制动压力存储器 V545 中。根据法律规定，应对三相电流驱动装置不稳定的电子制动进行自动补偿。无论是电子（通过三相电流驱动装置）或是液压（通过车轮制动器）的制动方式，目的是使制动踏板上的力和行程始终相同。

三相电流驱动装置能够在发电机运行模式下在车辆的驱动车桥上产生一个制动转矩，这一转矩取决于车速、蓄电池电量和动力电池温度以及三相电流驱动装置的转速和转矩。这种依赖关系会导致不稳定的电子制动，因此必须进行液压补偿，这种补偿与驾驶员的意愿无关。通过 eBKV 的制动助力器控制单元 J539 可实现电子制动和车轮制动器制动之间的自动调节。联合制动特性曲线如图 8-23 所示。

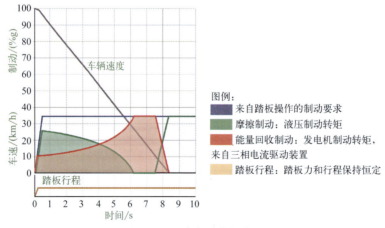

图例：
- 来自踏板操作的制动要求
- 摩擦制动：液压制动转矩
- 能量回收制动：发电机制动转矩，来自三相电流驱动装置
- 踏板行程：踏板力和行程保持恒定

图 8-23　联合制动特性曲线

由摩擦和能量回收制动的总和得出总的制动要求。

（1）制动要求

驾驶员踩下制动踏板，对车辆进行制动并在必要时完全停止运行。根据制动踏板的位置，制动助力器控制单元 J539 确定驾驶员的意愿，如图 8-24 所示。

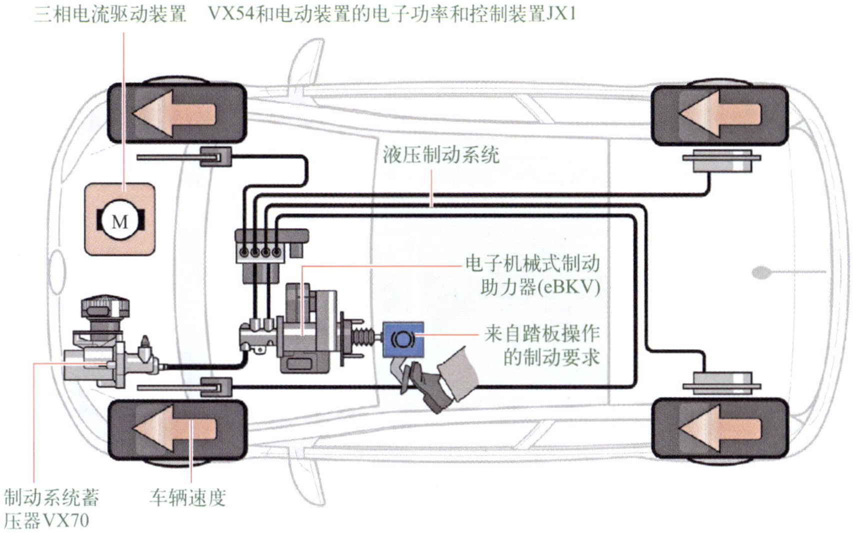

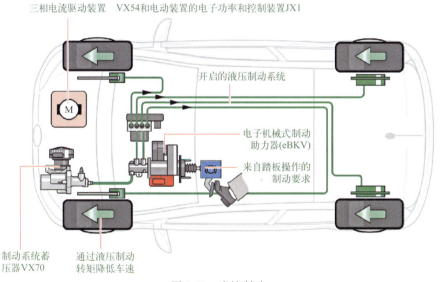

图 8-24　制动要求

（2）摩擦制动

根据驾驶员的制动意愿在液压制动系统中形成压力，以降低车辆的速度，如图 8-25 所示。

图 8-25　摩擦制动

（3）通过能量回收制动提供支持

eBKV 的制动助力器控制单元 J539 从电动装置的电子功率和控制装置 JX1 中获取信息，三相电流驱动装置 VX54 能够对液压制动系统提供支持，当车速较高时会出现这种情况。根据提供的发电机制动转矩，不是产生制动压力就是卸载制动压力。如果车速降低，则发电机制动转矩提高。根据产生的发电机制动转矩卸载车轮上的制动压力。为此制动系统蓄压器

VX70 将接收制动液并卸载液压制动系统中的压力，如图 8-26 所示。这样可以在已知的时间内仅通过发电机转矩进行制动。

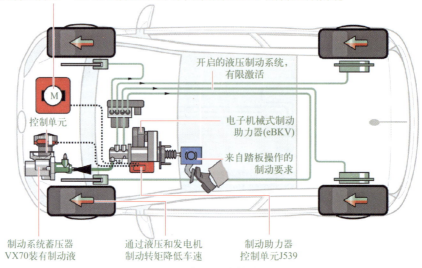

图 8-26　能量回收制动

液压制动系统通过三相电流驱动装置提供的支持取决于车速、动力电池的电量（完全充满电的动力电池将无法再接收能量）、动力电池的温度、三相电流驱动装置的转速和三相电流驱动装置的转矩。

（4）三相电流驱动装置的支持不足

如果在制动期间发电机转矩下降，则制动助力器控制单元 J539 向制动系统蓄压器控制单元 VX70 发送一个信号。蓄压器因此将存储的制动液输送到制动系统中，液压制动系统中的压力随之增加，如图 8-27 所示。在车辆制动直到静止时会出现这种情况。当车速低于 10km/h 时将减小产生的转矩。车辆现在只能进行液压制动。

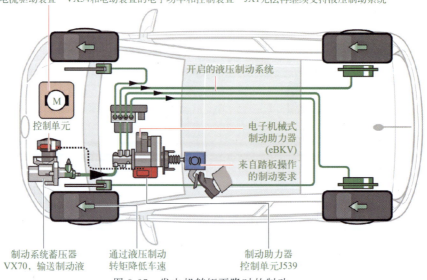

图 8-27　发电机转矩下降时的制动

电子发动机阻力矩控制系统（E-MSR）识别到驱动轮因发动机的制动作用而打滑。电子液压制动助力器当电子机械式制动助力器（eBKV）无法提供足够的压力时，例如当 eBKV 失灵时，电子液压制动阀（E-HBV）可以通过 ESC 控制单元增加制动力。

能量回收限制系统是对电子发动机阻力矩控制系统（E-MSR）的扩展。它防止过高的能量回收功率使行驶性能变得不稳定并因此造成车轮抱死。如有必要，提高发动机的拖曳转矩。电子制动控制系统电路连接如图 8-28 所示。

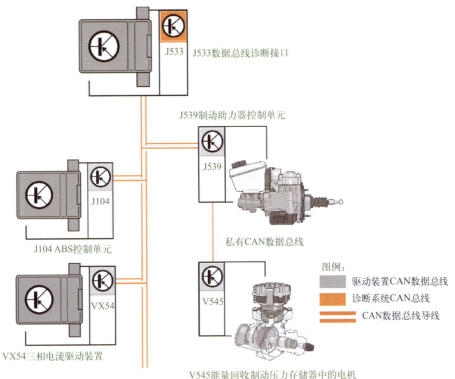

图 8-28　电子制动控制系统电路连接

8.3　电子驻车制动系统

8.3.1　系统组成与总成构造

驻车制动器，通常是指机动车辆安装的手动制动，简称手刹，在车辆停稳后用于稳定车辆，避免车辆在斜坡路面停车时由于溜车造成事故。电子驻车制动 EPB（Electrical Park Brake）也称"电子手刹"，EPB 通过电子线路控制停车制动。电子驻车制动器内部结构如图 8-29、图 8-30 所示。

8.3.2　电子驻车制动器工作原理

EMF 控制单元得到驾驶员通过驻车制动按钮给出的驻车指令。系统通过车载网络连接和总线系统查询/识别车辆状态。该控制单元确定是否满足驻车过程的所有条件。满足条件时，就会控制后部制动钳上的两个 EMF 执行机构，如图 8-31 所示。

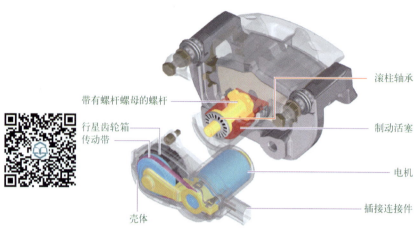

图 8-29 带有制动钳的 EMF 执行机构概览（宝马 5 系）

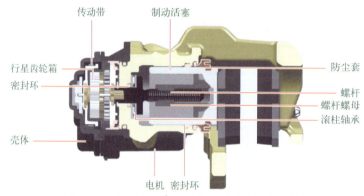

图 8-30 驻车制动器拉紧及全新制动摩擦片剖视图

由于螺杆具有自锁功能，因此即使在断电状态下也可保持张紧力，从而确保车辆静止不动。EMF 执行机构固定在制动钳上，直接对制动活塞施加作用。电机和传动带将作用力传递到两级行星齿轮箱上，然后通过螺杆接口驱动螺杆。EMF 执行机构结构如图 8-32 所示。

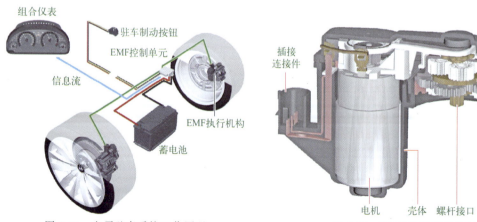

图 8-31 电子驻车系统工作原理

图 8-32 EMF 执行机构的结构

8.4　电动转向助力系统

8.4.1　电动助力转向系统概述

电动助力转向系统（Electric Power Steering，EPS）是由转矩传感器、电子控制单元 ECU 和助力电机共同组成，如图 8-33 所示。电子控制单元根据各传感器输出的信号计算所需的转向助力，并通过功率放大模块控制助力电机的转动，电机的输出经过减速机构减速增扭后驱动齿轮齿条机构产生相应的转向助力。

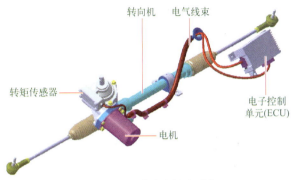

图 8-33　电动助力转向系统

目前电动助力转向系统按助力作用位置分为管柱助力式（C-EPS）、齿轮助力式（P-EPS）和齿条助力式（R-EPS）三种类型。

根据助力输出范围以及空间布置限制条件，助力模块（电机、控制单元、减速机构）在各种电动转向系统中安装在不同的位置，EPS 的类型如图 8-34 所示。

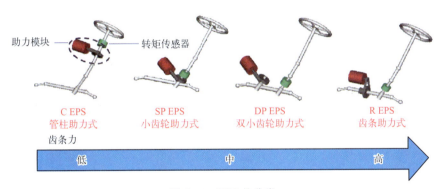

图 8-34　EPS 的分类

EPS 主要工作原理是，在方向盘转动时，位于转向柱位置的转矩传感器将转动信号传到控制器，控制器通过运算修正给电机提供适当的电压，驱动电机转动。而电动机输出的转矩经减速机构放大后推动转向柱或转向拉杆，从而提供转向助力。电动助力转向系统可以根据速度改变助力的大小，能够让方向盘在低速时更轻盈，而在高速时更稳定。

8.4.2　齿条助力式 EPS

R-EPS 是英文 Rack-drive Electric Power Steering 的缩写，中文意思为齿条驱动式电动助力转向系统，其主要有同轴式 R-EPS 和非同轴式 R-EPS（即齿条平行式）两种形式，如图 8-35 所示。

同轴式 R-EPS 是指电机轴与转向器丝杠轴同轴，电机转子直接与丝杠螺母配合，并将转矩传递给丝杠螺母，丝杠螺母副通过丝杠螺母的旋转运动转变成齿条丝杠的直线运动。非同轴式 R-EPS 是指转向器助力电机与转向器丝杠轴线不同轴（通常采用带连接电机转轴和丝杠螺母），同时采用滚珠丝杠副作为减速机构的 R-EPS，该类型转向器多见于欧美车型。

同轴式R-EPS　　　　　　　　　非同轴式R-EPS

图 8-35　R-EPS 类型

1—PMAC 电机；2—电机位置传感器；3—带轮毂；4—带；5—带滑轮和滚珠螺母的驱动端；6—齿条；7—转矩传感器

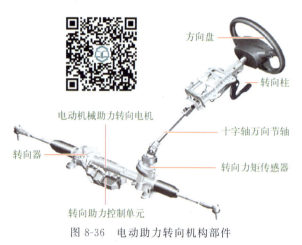

图 8-36　电动助力转向机构部件

以带有平行轴传动机构（APA）和循环球转向器的转向机构为例，该转向机构的部件有：方向盘、带有转向角传感器的转向柱开关、转向柱、转向力矩传感器、转向器（循环球式转向器）、电动机械助力转向电机（同步电机）、转向助力控制单元、十字轴万向节轴。电动助力转向机构组成部件如图 8-36 所示。

这种带有平行轴传动机构（APA）和循环球转向器（见图 8-37）的电动机械式助力转向机构，是目前效率较高的转向机构之一。这种转向机构的助力单元结构特别且自身摩擦很小，这使得该机构转向感极佳，同时冲击很小。道路的侧面冲击因循环球转向器和电机的惯性质量而被过滤掉了。

图 8-37　循环球机构剖视图

电动助力转向机构部件分解如图 8-38 所示。

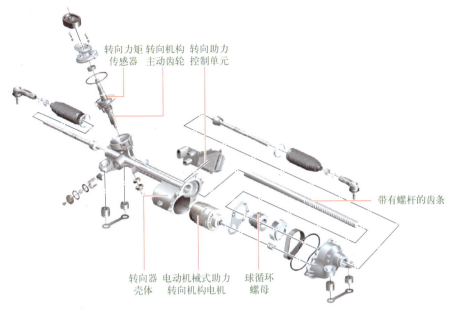

转向力矩 转向机构 转向助力
传感器 主动齿轮 控制单元

带有螺杆的齿条

转向器 电动机械式助力 球循环
壳体 转向机构电机 螺母

图 8-38 电动助力转向机构部件分解

8.4.3 齿轮助力式 EPS

通过电子助力转向系统 EPS 可自由确定转向助力及回位力。因此系统可根据相应行驶状况以最佳方式调整转向和行驶性能。下部和上部转向轴以伸缩套管形式组装在一起，因此发生正面碰撞时可防止驾驶员受到严重伤害。通过机械转向柱调节装置，驾驶员可根据其座椅位置和身高调节最佳方向盘位置。系统组成如图 8-39 所示。

电子助力转向系统 EPS 是一个 12V 转向系统，最大助力功率为 0.3kW。EPS 单元由 EPS 控制单元和一个交流电电机组成，如图 8-40 所示。通过组件包含的一个换流器可将 12V 直流电压转化为用于控制电机的三相交流电压。通过平行于输入轴的 EPS 单元产生转向助力。为了避免因温度变化在组件内形成冷凝物，在输入轴旁带有一个壳体通风装置，该装置可防止电子系统损坏。

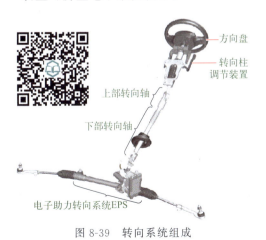

方向盘

转向柱
调节装置

上部转向轴

下部转向轴

电子助力转向系统EPS

图 8-39 转向系统组成

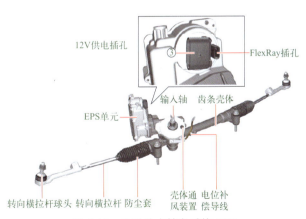

12V供电插孔

FlexRay插孔

输入轴 齿条壳体

EPS单元

转向横拉杆球头 转向横拉杆 防尘套

壳体通 电位补
风装置 偿导线

图 8-40 电子助力转向系统 EPS

新能源汽车结构与原理

EPS 的转向力矩支持由驾驶员施加在方向盘上的力矩（手力矩）决定，如图 8-41 所示。为了能够根据手力矩明确计算出助力力矩（电机驱动力矩），通过一个力矩传感器测量手力矩。力矩传感器位于输入轴与小齿轮轴之间。对转向助力产生影响的其他因素包括路面与轮胎间的静摩擦以及车速两种。

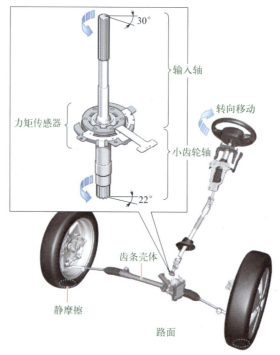

图 8-41　助力转向工作原理

8.4.4　管柱助力式 EPS

C-EPS 是 Column Electric Power Steering 缩写，意为转向柱式电动助力转向。C-EPS 是一种机电一体化的新一代汽车智能助力转向装置，系统组成如图 8-42 所示。助力电机直接在转向柱上施加助力，在不同车况下汽车转向时，它通过电子控制装置，使转向助力电机产生所需的辅助助力。

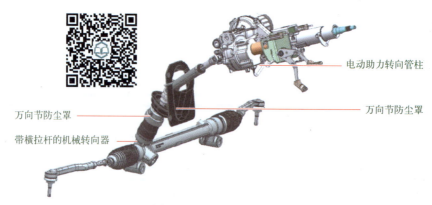

图 8-42　C-EPS 组成部件

第**9**章

车身电气系统

9.1 电动空调系统

9.1.1 电动空调压缩机

电动制冷剂压缩机采用螺旋型压缩机设计原理，其结构见图 9-1。它从动力电池获取能量，最大功率消耗为 4.5kW。该部件位于车辆后部，用螺栓固定在电机上。车辆带有选装配置热力泵 SA 4T9 时，才使用相同的制冷剂压缩机。

电动制冷剂压缩机内的集成式三相交流同步电机用作驱动装置。所需三相交流电流通过电动制冷剂压缩机内的一个交流电整流器（DC/AC 转换器）进行转换。

三相交流同步电机在 860 至最高 8600r/min 转速范围内驱动。处于静止状态时，电动制冷剂压缩机的转速限制为最大转速的 60%，即 5160r/min。电动制冷剂压缩机可产生约 30bar 的最大工作压力。在车

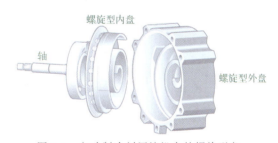

图 9-1 电动制冷剂压缩机内的螺旋型盘

外温度较高、车内温度较高、动力电池温度较高以及冷却模块行驶气流较少等情况下需要最大功率。

集成在电动制冷剂压缩机内的 EKK 控制单元根据 LIN 总线传输的 IHKR/IHKA 要求调节三相交流同步电机的转速。在此，IHKR/IHKA 控制单元是主控控制单元。

在 200~410V 的电压范围（直流电）内为电动制冷剂压缩机供电。高于和低于该电压范围时就会降低功率或关闭电动制冷剂压缩机。

EKK 控制单元和 DC/AC 转换器集成在电动制冷剂压缩机的铝合金壳体内，通过流经的气态制冷剂进行冷却。DC/AC 转换器温度超过 125℃ 时，EKK 就会关闭高压供电。通过提高转速用于自身冷却等各种措施可有效防止达到如此高的温度。通过 EKK 进行温度监控。温度降至 112℃ 以下时，电动制冷剂压缩机就会重新运行。

制冷剂使用新型制冷剂 R1234yf 或以前常用制冷剂 R134a。必须使用电动制冷剂压缩机

所需专用制冷剂油。

螺旋型内盘由三相交流同步电机通过一个轴驱动并进行偏心旋转。通过固定式螺旋型外盘上的两个开口吸入低温低压气态制冷剂，然后通过两个螺旋型盘向中部移动使制冷剂压缩、变热。

以偏心方式转动三圈后，吸入的制冷剂压缩、变热，可通过外盘中部的开口以气态形式释放。高温高压气态制冷剂从此处经机油分离器流至制冷剂循环回路内电动制冷剂压缩机接口。压缩机工作原理见图9-2。

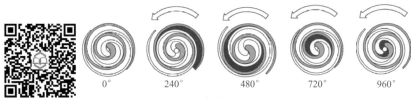

图9-2 电动制冷剂压缩机内的制冷剂压缩

宝马i3使用的是一种电动空调压缩机，利用高压驱动空调压缩机（电气），因此可以提供所需的功率。即使在关闭发动机后的停车状态下，也可以利用空调压缩机（电气）驱动空调。

冷暖空调控制单元（IHKA）是主控制单元。冷暖空调控制单元通过LIN总线与空调压缩机（电气）的电子控制装置进行通信。

电子控制装置和变压器均整合在空调压缩机的壳体之中。通过流经的制冷剂对这两者进行冷却，在电子控制装置中分析冷暖空调控制单元的请求。变压器将直流电压转变成交流电压，利用交流电压驱动空调压缩机。

空调压缩机（电气）中的电子控制装置根据主控制单元（冷暖空调控制单元）的请求控制交流电机的转速。

交流电机（外转子，同步）驱动空调压缩机，由多个永久磁铁构成转子的磁场。

在一定的转速范围内（例如2000～8600r/min）驱动交流电机，可以连续调节转速。

用于压缩制冷剂的是螺旋压缩机（也称作涡旋压缩机）。螺旋压缩机根据排挤原理工作，由2个相互嵌套的螺旋构成。外螺旋固定不动。交流电机通过轴驱动内螺旋，内螺旋作偏心运动，使得两个螺旋反复接触，在螺旋之内形成多个逐渐变小的腔室，从而通过固定外螺旋中的开口吸入气态制冷剂。旋转大约2圈之后（例如旋转720°之后）将吸入的制冷剂压缩。在随后的变化过程中（例如旋转960°之后）制冷剂通过外螺旋中的中间开口流向冷凝器。

如果空调压缩机（电气）中变压器的温度升高到110℃以上，冷暖空调控制单元就会关闭电动空调压缩机，控制器已经预先采取不同的措施以限制温度过高（例如提高压缩机转速以实现自我冷却）。

用于高压触点监测装置的检测导线经过高压组件的所有插头，在一些插头中安装有电桥。检测导线呈环形（类似于MOST环形结构）。环路中的下列控制单元分析检测导线的测试信号（具有一定频率的矩形波信号）：电机电子装置（EME）、存储器管理电子装置（SME）。

如果断开检测导线的电路，EME控制单元或者SME控制单元就会切断高压车载网络的供电。只有当检测导线的电路重新闭合后，才能给高压车载网络重新提供电压。

存储器电子管理系统（SME）生成测试信号。当启动高压车载网络时，存储器电子管理系统就会将测试信号馈入到检测导线之中。

图 9-3 所示为电动制冷剂压缩机（电气）。

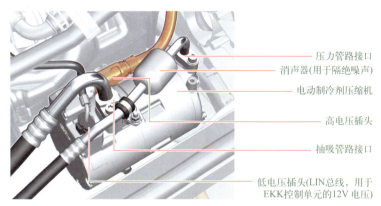

图 9-3 电动制冷剂压缩机

9.1.2 电辅助加热器

为了避免因电气加热装置使用过多电量而显著缩短电动车可达里程，在使用空调系统的情况下通过热力泵加热车内空间。

热力泵可视作空调系统的反向原理。在冷却模式下未使用并通过冷凝器释放到环境中而损失的热能，可在使用热力泵时使热制冷剂流入热力泵热交换器，从而加热车内空间。热力泵工作原理如图 9-4 所示。

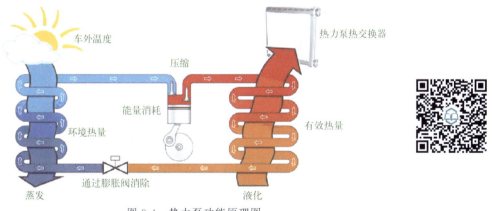

图 9-4 热力泵功能原理图

热力泵与车辆所装组件配合可实现加热模式、制冷模式和混合模式三种功能。使用大约 1kW 功率可通过该系统获得大约 3kW 冷气或根据需要获得大约 2kW 热量。I01 电机的电气加热装置需要大约 5.5kW 电能来提供大约 5kW 的加热功率。

在 $-10\sim+40℃$ 的温度范围内，热力泵可以以所有模式运行。

热力泵不是单个部件，而是制冷剂循环回路的复杂调节装置，具有同样复杂的调节结构。

出于重量原因，仅在 BEV 型号为蓄电池电动车（即车辆不带增程器）上提供热力泵。

车辆带有热力泵 SA 4T9 时，第四根制冷剂管路与标配的三根管路一起在右侧车门槛处一直延伸至车辆尾部。热力泵有约 36 个其他部件（包括固定支架等小部件），增加质量约 7kg。

车辆带有热力泵 SA 4T9 时，制冷剂循环回路内的加注量为 970g。采用标准配置时系统加注量为 750g。热力泵的任务是在保持空调舒适度不变（与不带热力泵的系统相比）的情况下提高可达里程。自车外温度−10℃且平均空调系统规定值（在自动运行模式下 22℃）起，在没有辅助加热的情况下通过电气加热装置进行空气调节。低于−10℃时不再驱动热力泵。热力泵系统组成如图 9-5 所示。

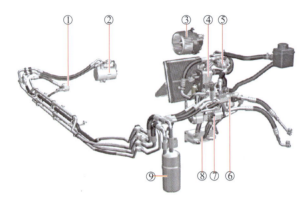

图 9-5   热力泵系统组成

1—动力电池单元上的电动调节式膨胀阀 EXV；2—电动制冷剂压缩机；3—车内空间鼓风机；4—电气加热装置；

5—用于车内空间蒸发器的电动调节式膨胀阀 EXV；6—冷凝器与干燥器瓶之间的制冷剂截止阀；

7—电动制冷剂压缩机与热力泵热交换器之间的制冷剂截止阀；8—热力泵热交换器；9—干燥器瓶

根据 IHKR/IHKA 的要求确定热力泵的运行模式。系统通过热力泵控制器控制阀门和读取传感器数值，在 IHKR/IHKA 控制单元内执行中央控制功能。

在此使用类似于浸没式加热器对冷却液进行加热的电气加热装置来加热车内空间。

该高压组件由三个加热线圈和一个电子控制装置构成。它可消耗动力电池最高 5.5kW 功率并通过 LIN 总线将出口冷却液温度和当前耗电量信息发送至 IHKR/IHKA 控制单元，以脉冲方式控制三个加热线圈。

电气加热装置位于前围板处与电动冷却液泵共用的一个支架上，见图 9-6。

制冷剂循环回路带有该选装配置时，在热力泵运行模式未启用的情况下与标准配置的循

图 9-6   电气加热装置

1—电气加热装置；2—冷却液泵 12V 接口；3—低压加注阀（黑色螺旋盖＝R134a，灰色螺旋盖＝R1234yf）；

4—从冷却液泵至电气加热装置的冷却液供给管路；5—电动冷却液泵（12V）；6—自补液罐的冷却液供给管路；

7—高压加注阀（黑色螺旋盖＝R134a，灰色螺旋盖＝R1234yf）；8—电气加热装置上的高压接口

环回路完全相同。通过关闭制冷剂截止阀（18、20）和打开制冷剂截止阀（17、21）可使循环回路完全正常运行，带热力泵的制冷剂回路如图 9-7 所示。

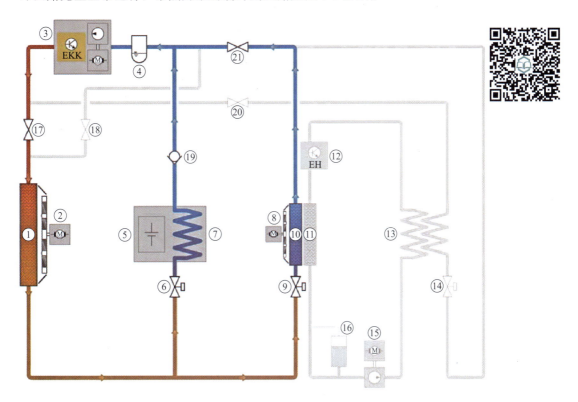

图 9-7　带热力泵的制冷剂循环回路处于冷却模式时

1—冷凝器；2—电风扇；3—电动制冷剂压缩机；4—干燥器瓶；5—动力电池单元；6—用于动力电池单元内散热管的
电动调节式膨胀阀 EXV；7—动力电池单元内的散热管；8—车内空间鼓风机；9—用于车内空间蒸发器的电动调节式
膨胀阀 EXV；10—暖风和空调器内的车内空间蒸发器；11—暖风热交换器；12—电气加热装置；13—热力泵热交换器；
14—用于热力泵热交换器的电动调节式膨胀阀 EXV；15—电动冷却液泵；16—冷却液补液罐；17—电动制冷剂压缩机与
冷凝器之间的制冷剂截止阀，该阀未通电时打开；18—冷凝器与干燥器瓶之间的制冷剂截止阀，该阀未通电时关闭；
19—制冷剂单向阀；20—电动制冷剂压缩机与热力泵热交换器之间的制冷剂截止阀，该阀未通电时打开；
21—热力泵热交换器上电动调节式膨胀阀 EXV 与干燥器瓶之间的制冷剂截止阀，该阀未通电时打开

在加热模式下使用热力泵时，制冷剂截止阀（17、21）关闭，制冷剂截止阀（18、20）打开。这样可使制冷剂循环回路改为经过热力泵热交换器，循环回路见图 9-8。

此时不会再向冷凝器以无用方式排出热量，而是向用于暖风循环回路的冷却液释放热量。热力泵热交换器输出端的电动调节式膨胀阀 EXV 通过控制压力在此形成充足热量。为使循环回路重新闭合，通过电动调节式膨胀阀 EXV 使暖风和空调器内的蒸发器同样执行积蓄制冷剂压力的作用。因此通过控制原本用于进行冷却的电动调节式膨胀阀 EXV 使蒸发器内的制冷剂压力进一步提高并利用由此产生的热量。之后压力降低的制冷剂朝相反流动方向通过冷凝器经过打开的制冷剂截止阀（18）和干燥器瓶重新输送至电动制冷剂压缩机。

在混合模式下使用热力泵时，截止阀（17、20 和 21）打开。由于无须转换流动方向，因此截止阀（18）关闭。这样可划分出高温高压制冷剂，循环回路见图 9-9。

一方面可通过蒸发器上的冷却实现动力电池单元冷却和车内空间除湿，另一方面还可将

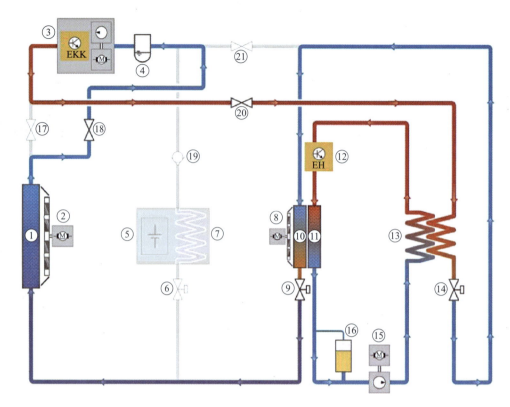

图 9-8　带热力泵的制冷剂循环回路处于加热模式时

1—冷凝器；2—电风扇；3—电动制冷剂压缩机；4—干燥器瓶；5—动力电池单元；6—用于动力电池单元内散热管的
电动调节式膨胀阀 EXV；7—动力电池内的散热管；8—车内空间鼓风机；9—用于车内空间蒸发器的电动调节式膨胀
阀 EXV；10—暖风和空调器内的车内空间蒸发器；11—暖风热交换器；12—电气加热装置；13—热力泵热交换器；
14—用于热力泵热交换器的电动调节式膨胀阀 EXV；15—电动冷却液泵；16—冷却液补液罐；17—电动制冷剂压缩机与
冷凝器之间的制冷剂截止阀，该阀未通电时打开；18—冷凝器与低压蓄能器（干燥器瓶）之间的制冷剂截止阀，该阀未
通电时关闭；19—制冷剂单向阀；20—电动制冷剂压缩机与热力泵热交换器之间的制冷剂截止阀；该阀未通电时打开；
21—热力泵热交换器上电动调节式膨胀阀 EXV 与低压蓄能器（干燥器瓶）之间的制冷剂截止阀，该阀未通电时打开

划分出的通过制冷剂输送的热量用于热力泵热交换器。

　　与不带热力泵的车辆相比还有一项优势。光照强烈时需要从通风格栅吹入冷空气，但这
并不一定也符合脚部空间要求。为此，不带热力泵的车辆必须通过电气加热装置进行稍稍加
热，从而使脚部空间调节至舒适温度。带有热力泵时在混合模式下，无须消耗能量即可通过
热力泵热交换器对脚部空间一起进行加热。

　　在电控辅助加热器中，以电动方式将加热循环回路内的冷却液加热到客户希望的温度。

　　电控辅助加热器是一个单独的部件，工作原理与电动直通式加热器一样。电控辅助加热
器借助加热螺旋体按需加热加热循环回路中的冷却液。此时，以间歇方式控制加热螺旋体。
通过局域互联网总线，电控辅助加热器将出口的冷却液温度以及电流消耗输出至冷暖空调的
控制单元。

　　在冷暖空调控制单元中，根据不同的信号（例如脚部空间温度传感器的温度信号）生成
一个针对电控辅助加热器的百分比功率请求，并将其传输到局域互联网总线。

　　图 9-10 为 i3 车型电控辅助加热器接口分布。

　　电控辅助加热器连接在高压车载网络上，加热螺旋体是并联的。

156

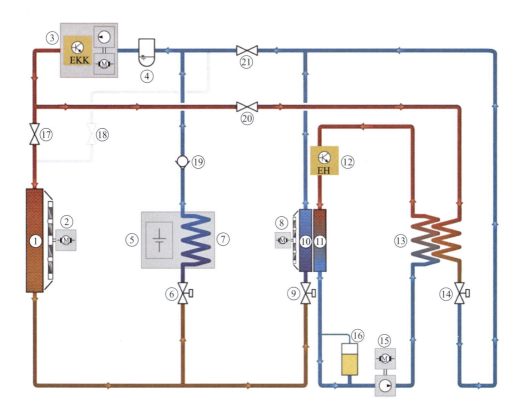

图 9-9　带热力泵的制冷剂循环回路处于混合模式时

1—冷凝器；2—电风扇；3—电动制冷剂压缩机；4—干燥器瓶；5—动力电池单元；6—用于动力电池单元内散热管的
电动调节式膨胀阀 EXV；7—动力电池单元内的散热管；8—车内空间鼓风机；9—用于车内空间蒸发器的电动调节式
膨胀阀 EXV；10—暖风和空调器内的车内空间蒸发器；11—暖风热交换器；12—电气加热装置；13—热力泵热交换器；
14—用于热力泵热交换器的电动调节式膨胀阀 EXV；15—电动冷却液泵；16—冷却液补液罐；17—电动制冷剂压缩机与
冷凝器之间的制冷剂截止阀，该阀未通电时打开；18—冷凝器与干燥器瓶之间的制冷剂截止阀，该阀未通电时关闭；
19—从动力电池单元散热管至干燥器瓶的压力管路内的制冷剂单向阀；20—电动制冷剂压缩机与热力泵热交换器之间的
制冷剂截止阀，该阀未通电时打开；21—热力泵热交换器上电动调节式膨胀阀 EXV
与干燥器瓶之间的制冷剂截止阀，该阀未通电时打开

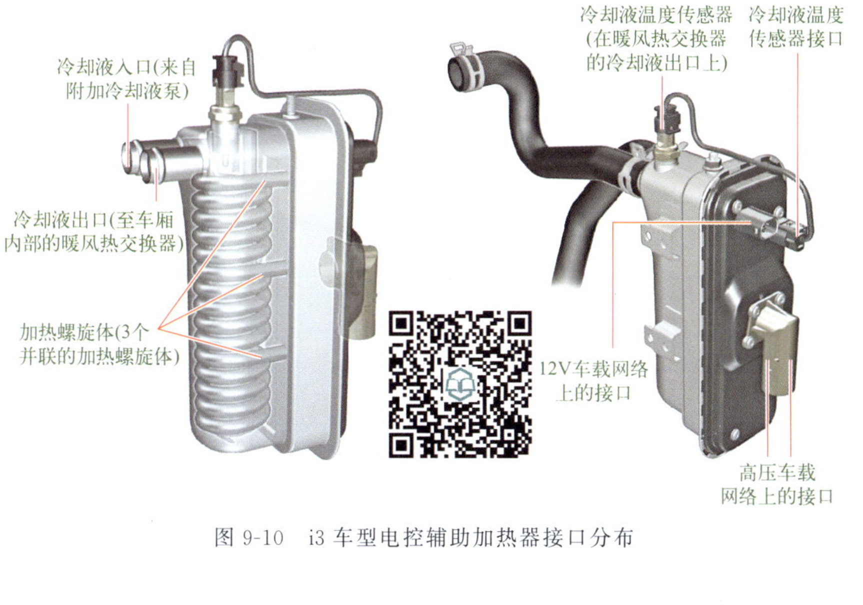

图 9-10　i3 车型电控辅助加热器接口分布

9.1.3 热泵空调系统

以大众 ID.4X 车型为例，该车装用的热泵空调系统组成部件如图 9-11 所示。

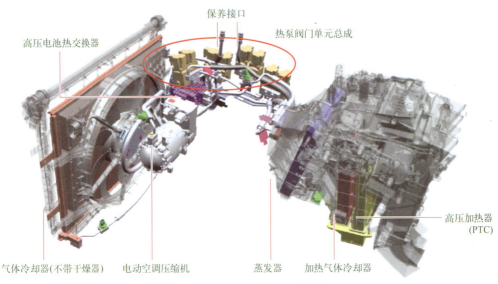

图 9-11 热泵空调系统组成部件

热泵阀门单元总成包括 4 个由电动截止阀（ASV）和/或电动膨胀阀（EXV）的双阀体、各种管道、动力电池热交换器、可用作内部热交换器（IWT）的带干燥器的储液罐等部分。热泵阀门单元组成部件如图 9-12 所示。

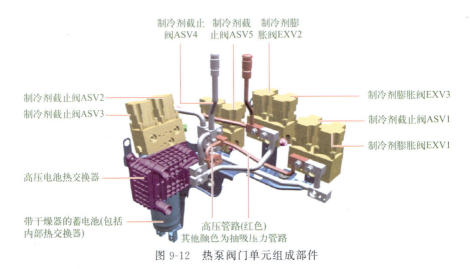

图 9-12 热泵阀门单元组成部件

在不同运行阶段各阀体的工作状态如表 9-1 所示。

表 9-1 阀体工作状态

阀门	运行阶段:冷却				运行阶段:加热		
	冷却汽车内部空间	汽车内部空间＋蓄电池	仅蓄电池	再加热阶段	空气热泵	空气/水	水热泵
ASV1	关闭	关闭	关闭	打开	关闭	关闭	关闭

续表

阀门	运行阶段:冷却				运行阶段:加热		
	冷却汽车内部空间	汽车内部空间＋蓄电池	仅蓄电池	再加热阶段	空气热泵	空气/水	水热泵
ASV2	打开	打开	打开	关闭	关闭	关闭	关闭
ASV3	关闭	关闭	关闭	打开	打开	打开	打开
ASV4	打开	打开	关闭	打开	关闭	关闭	关闭
ASV5	关闭	关闭	关闭	关闭	打开	打开	关闭
EXV1	关闭	关闭	关闭	关闭	X	X	X
EXV2	X	X	X	X	X	X	关闭
EXV3	关闭	X	X	关闭	关闭	关闭	X

注:"X"表示膨胀阀开度大小根据压力和温度值电动调节。

　　热泵系统装有 5 个压力/温度传感器,它们的功能和内部结构都一样,传感器安装位置如图 9-13 所示。p/T1 在冷却、加热和再加热的所有运行阶段都会直接探测压缩机出口处的压力和温度。p/T2 在所有运行阶段都会直接探测带干燥器的部件(收集盘)入口处的压力和温度。p/T3 在冷却和再加热运行阶段会探测前部气体冷却器出口处的温度,在热泵运行阶段,该传感器会探测前部气体冷却器入口前面的测量值。在不同的运行模式下,制冷剂的流动方向会发生变化。p/T4 在冷却和再加热运行阶段会探测空调装置中蒸发器入口处的压力和温度。在热泵运行期间,流动方向再次切换,因此传感器会提供蒸发器出口处的相关数值。p/T5 在所有运行阶段都会探测压缩机入口处的压力和温度。

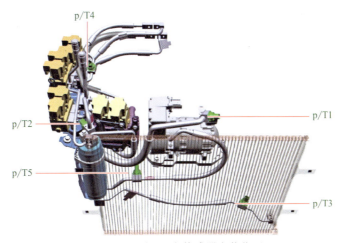

图 9-13　压力/温度传感器安装位置

　　带干燥器和内部热交换器的储液罐结构如图 9-14 所示,内部热交换器以一种管道螺旋形式通过部件围绕储液罐运行。储液罐由带注油孔的抽吸管、干燥剂袋和"气体导管"等部件组成。收集盘的干燥剂袋吸收系统中的残留湿气,如果制冷剂循环回路保持打开状态的时间不确定,则必须更换收集盘。

　　热泵空调工作可以分为冷却、再加热和加热三个运行阶段,如表 9-2 所示。

　　在冷却运行时,热泵的工作原理类似于标准版空调装置,通过蒸发器冷却汽车内部空间和/或通过"冷却器"冷却动力电池。再加热时,首先将进入的车外空气冷却以使其干燥,然后根据需要再次加热。相比使用 PTC 空气加热元件的纯加热模式,热泵更加节能,因此

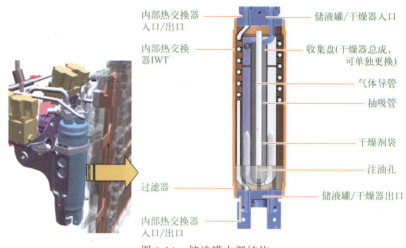

内部热交换器入口/出口
内部热交换器IWT
过滤器
内部热交换器入口/出口

储液罐/干燥器入口
收集盘(干燥器总成,可单独更换)
气体导管
抽吸管
干燥剂袋
注油孔
储液罐/干燥器出口

图 9-14　储液罐内部结构

也增加了行驶模式下的续驶里程。压缩机产生的压缩热通过冷媒被直接传递到空调装置中加热进入的车外冷空气。在冷却液运行模式下,高压区域产生的热量也会通过"冷却器"交换到冷媒中,再通过冷媒循环进行相应调温。

表 9-2　热泵空调工作模式

工作模式		运行原理	图例
夏季	汽车乘客舱冷却	在涡旋压缩机中,气态制冷剂被压缩并在高压和高温下通过截止阀2(ASV2)进入车头的AC气体冷却器。在这里,只要散热器卷帘处于打开状态,就会与流经的环境空气交换热量。制冷剂从那里流过内部热交换器中的盘管并流向电动膨胀阀2(EXV2),经过膨胀后进入蒸发器。在这里,流入的汽车内部空间空气被有效地调温并在汽车内部空间分配。接着,制冷剂通过截止阀4(ASV4)和带干燥器的储液罐在低压和相应温度下被吸回到压缩机中。由此,制冷剂循环回路闭合	
	汽车乘客舱与动力电池冷却	根据上面乘客舱冷却的说明,在电动膨胀阀2(EXV2)后经过膨胀的制冷剂会自动进行分配。一部分流入空调装置的蒸发器,另一部分则通过主动式电动膨胀阀3(EXV3)经过膨胀进入动力电池热交换器(冷却器)中,在这里会进行动力电池冷却液循环回路的热量交换。制冷剂还会通过带干燥器的储液罐由压缩机从冷却器中以气态形式抽吸	

续表

工作模式	运行原理	图例
夏季 动力电池冷却	在"仅冷却动力电池"运行阶段,制冷剂自然也会再次流过两个电动膨胀阀 2 和膨胀阀 3,以便在动力电池热交换器(冷却器)中进行热量交换。空调装置中的蒸发器保持被动状态,因为截止阀 4(ASV4)关闭且制冷剂在该区域停止流动。例如,当干动力电池温度高于 30℃ 时,在动力电池充电过程中,也可以激活"仅冷却动力电池"运行阶段。在行驶过程中,当温度高于 35℃ 时,会对动力电池进行主动冷却	
夏季 再加热运行	在再加热阶段,会冷却流入汽车内部空间的空气并进行干燥。然后再次对空气进行调温,以适合汽车内部空间。这无须使用 PTC 空气加热器即可完成(此举为了节能)。 由于在该运行阶段截止阀 2(ASV2)关闭且截止阀 3(ASV3)打开,因此经过压缩的热制冷剂会被直接送入空调装置的气体冷却器中。在这里,经过干燥的空气被重新加热。热制冷剂从那里通过截止阀 1(ASV1)流入车头的气体冷却器中,在这里会与行车风进行热量交换。接着,制冷剂流过内部热交换器并流向电动膨胀阀 2(EXV2),在此处经过膨胀并进入空调装置的蒸发器中。在这里,流入的汽车内部空间空气通过热量交换得到冷却并由此干燥。压缩机再次通过截止阀 4(ASV4)和带干燥器的收集盘从此处抽吸制冷剂。例如,当前窗玻璃外表面容易起雾或车外空气湿度极高时,就会进入该运行阶段	说明:ASV—截止阀 EXV—电动膨胀阀 p/T—压力和温度传感器 HP—高压保养接口 LP—低压保养接口 下划线—阀门激活
冬季 空气热泵开始加热	在热泵运行阶段,刚开始加热阶段比较迟缓,因此会借助 PTC 空气加热器来优化舒适度。动力电池和牵引机的冷却液循环回路中产生的热量也可能尚未使用。 与"再加热阶段"一样,压缩机将热的气态制冷剂通过打开的截止阀 3(ASV3)泵入空调装置的气体冷却器中。汽车内部空间空气被加热。气态制冷剂被引导通过主动式电动膨胀阀 1(EXV1)和已关闭的截止阀 4(ASV4)进入蒸发器并流向电动膨胀阀 2(EXV2)。由于在空调装置的蒸发器中会进行第二次热量交换,因此这种绕行方式提高了系统效率。压缩机的吸入侧从此处开始。制冷剂逆着之前的流动方向流过内部热交换器并流经车头的气体冷却器。 截止阀 1 和 2 均关闭,截止阀 5(ASV5)打开,因此,制冷剂可以通过带干燥器的储液罐由压缩机再次抽吸。循环回路闭合	

续表

工作模式		运行原理	图例
冬季	空气/冷却液热泵运行	在空气/冷却液热泵运行阶段,电动膨胀阀3(EXV3)也会被激活,部分制冷剂经过膨胀进入动力电池热交换器(冷却器)中。在这里会在热泵制冷剂与动力电池和牵引机冷却液之间进行热量交换。制冷剂也会通过带干燥器的储液罐由压缩机从冷却器中抽吸。该运行阶段在一定程度上是混合型的,而且会一直使用,除非动力电池和牵引机充没有分加热冷却液循环回路或优先动力电池热交换器需要冷却散热循环	
	冷却液热泵运行	在冷却液热泵运行阶段,电动膨胀阀2(EXV2)处于关闭状态。所有制冷剂都经过电动膨胀阀3(EXV3)并经过膨胀进入动力电池热交换器(冷却器)中。制冷剂再次通过带干燥器的收集盘由压缩机从此处直接抽吸。在该运行阶段中,动力电池和牵引机的冷却液在整个制冷剂流中被主动冷却	

9.2　智能座舱系统

9.2.1　智能车机系统

汽车的智能化主要体现在自动驾驶与智能座舱两个方面,而在座舱智能化上,车机系统是其核心。汽车车机是汽车车载计算机的简称,硬件表现为中控大屏,软件则为集成娱乐信息系统、车载通信系统等多个功能的应用操作平台。技术层面则使用了触摸操控、语音声控、人脸识别、摄像头监控、手势感应器、抬头显示器（HUD）、红外夜视等手段。一些常见品牌主流车型搭载的车机系统如表9-3所示。

表9-3　常见品牌主流车型搭载车机系统

品牌	车型	车机系统	应用芯片	中控屏幕	仪表	HUD
奔驰	S级	MBUX	英伟达	12.8寸 OLED屏	12.3寸裸眼3D	AR-HUD
宝马	X7	iDrive7.0	英伟达	双12.3寸液晶		W-HUD
奥迪	A8	MMI	英伟达	上10.1+下8.6寸	12.3寸	W-HUD

续表

品牌	车型	车机系统	应用芯片	中控屏幕	仪表	HUD
大众	帕萨特	均胜 CNS3.0	高通	8 寸/9.2 寸	部分 10.2 寸	—
丰田	RAV4	Entune3.0	—	10.1 寸	7 寸	—
特斯拉	MODEL3	Version	英特尔	整合至 15 寸液晶屏		—
蔚来	ES8	NOMI	英伟达	11.3 寸	9.8 寸	W-HUD
荣威	MARVEL X	AliOS	高通	14 寸	12.3 寸	—
比亚迪	唐	DiLink	高通	12.8 寸	12.3 寸	—
吉利	博越	GKUI	亿咖通	12.3 寸	7 寸/12.3 寸	高配 W-HUD

大众 ID.4X 电动汽车车机系统组成部件如图 9-15 所示。

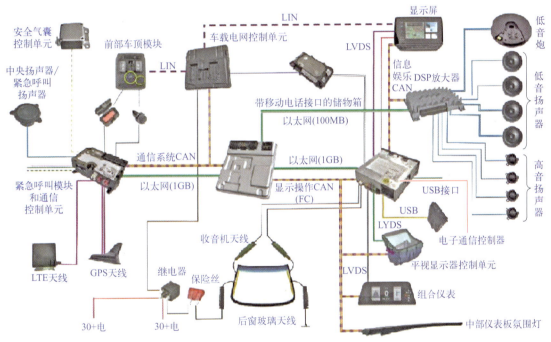

图 9-15　大众 ID.4X 车机系统组成部件

9.2.2　娱乐信息系统

娱乐信息系统是一般音响系统的升级版本，除具有音响系统的功能之外，在硬件上还具有大屏幕、功能强大的车机（车载计算机的简称）模块。车机模块除具有一般影音娱乐功能外，还集成 GPS 导航、蓝牙、WiFi、移动电话通信功能，与手机互联，可以远程控制车辆的 T-BOX 通信功能，可以运行一些车载应用软件。

车机系统绑定 4G 或 5G 流量卡，配合触摸大屏，其功能和操作体验就和一台可以上网的平板电脑一样。娱乐信息系统如图 9-16 所示。

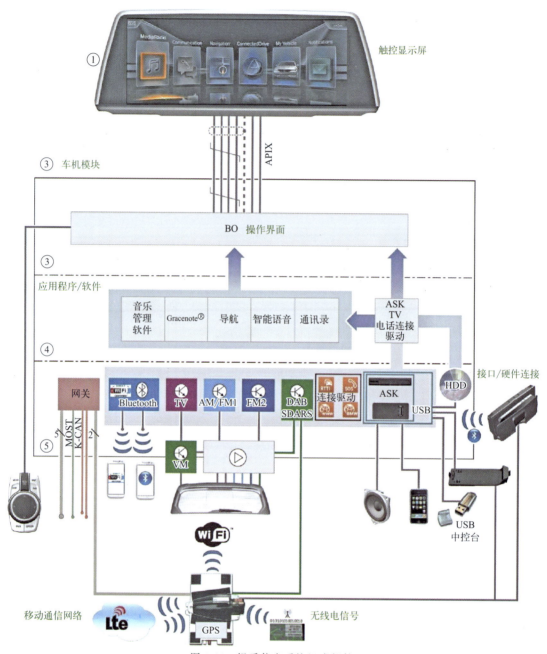

图 9-16　娱乐信息系统组成部件

9.3　自动驾驶系统

9.3.1　自动驾驶分级

　　汽车自动驾驶技术包括视频摄像头、雷达传感器以及激光测距器，可解周围的交通状况，并通过一个详尽的地图（通过有人驾驶汽车采集的地图）对前方的道路进行导航。汽车自动驾驶技术在国际上有一个分级标准，SAE（国际汽车工程学会）的 J3016 文件提出的五级自动驾驶分级方案是当前被普遍采用接受的标准。SAE J3016™ 提供了一种五级自动驾驶分级方案，描述了在公路行驶的各种驾驶自动化水平车辆，包括高级驾驶自动化及相关术语和功能定义。SAE 自动驾驶定义和分级标准如表 9-4 所示。

表 9-4　SAE 自动驾驶分级标准

| SAE 等级 | 名称 | 概念界定 | 动态驾驶任务（DDT） | | 动态驾驶任务支援（DDT Fallback） | 设计的适用范围（ODD） | NHTSA 标准等级 |
			持续的横向或纵向的车辆运动控制	物体和事件的探测响应（OEDR）			
	驾驶员执行部分或全部的动态驾驶任务						
0	无自动驾驶（No Driving Automation）	即便有主动安全系统的辅助，仍由驾驶员执行全部的动态驾驶任务	驾驶员	驾驶员	驾驶员	不可用	0
1	驾驶辅助（Driver Assistance, DA）	在适用的设计范围下，自动驾驶系统可持续执行横向或纵向的车辆运动控制的某一子任务（不可同时执行），由驾驶员执行其他的动态驾驶任务	驾驶员和系统	驾驶员	驾驶员	有限	1
2	部分自动驾驶（Partial Driving Automation, PA）	在适用的设计范围下，自动驾驶系统可持续执行横向或纵向的车辆运动控制任务，驾驶员负责执行 OEDR 任务并监督自动驾驶系统	系统	驾驶员	驾驶员	有限	2
	自动驾驶系统执行全部的动态驾驶任务（使用状态中）						
3	有条件的自动驾驶（Conditional Driving Automation, CA）	在适用的设计范围下，自动驾驶系统可以持续执行完整的动态驾驶任务，用户需要在系统失效时接受系统的干预请求，及时做出响应	系统	系统	备用用户（能在自动驾驶系统失效时接受请求，取得驾驶权）	有限	3
4	高度自动驾驶（High Driving Automation, HA）	在适用的设计范围下，自动驾驶系统可以自动执行完整的动态驾驶任务和动态驾驶任务支援，用户无须对系统请求做出回应	系统	系统	系统	有限	4
5	完全自动驾驶（Full Driving Automation, FA）	自动驾驶系统能在所有道路环境执行完整的动态驾驶任务和动态驾驶任务支援，驾驶员无须介入	系统	系统	系统	无限制	

注："NHTSA" 是美国高速公路安全管理局的简称。

无自动驾驶（Level-0）：由驾驶者全时操作汽车，在行驶过程中可以得到警告和保护系统的辅助。目前没有辅助驾驶的车辆认为是 Level-0，Level-0 车辆可能包含一些主动安全装置。

驾驶辅助（Level-1）：通过驾驶环境信息对方向盘和加减速中的一项操作提供驾驶辅助，其他的驾驶操作由驾驶者完成。目前辅助驾驶技术如车道保持、定速巡航、ACC 自适应巡航和 ESP 等，在中高级轿车上已经成为必备配置。

部分自动驾驶（Level-2）：通过驾驶环境信息对方向盘和加减速中的多项操作提供驾驶辅助，其他的驾驶操作由驾驶者完成。Level-2 的系统仅能处理少数高频通用驾驶场景，超出可控范围的自动驾驶系统将控制权交给驾驶员，驾驶员需要实时监控并做好接管车辆的准备。Level-2 和 Level-1 最明显的区别是系统能否同时在车辆横向和纵向上进行控制。

有条件的自动驾驶（Level-3）：通过驾驶环境信息对方向盘和加减速中的多项操作提供驾驶辅助，其他的驾驶操作由驾驶者完成。有条件的自动驾驶是指在某些特定场景下（高速公路/道路拥堵等）进行自动驾驶，人类驾驶员还是需要监控驾驶活动。

高度自动驾驶（Level-4）：由无人驾驶系统完成全时驾驶操作，根据系统请求，驾驶者不一定需要对所有的系统请求做出应答，限定道路和环境条件。

完全自动驾驶（Level-5）：可无人驾驶车辆、允许车内所有乘员从事其他活动且无须进行监控的系统。这种自动化水平允许乘坐人员从事计算机工作、休息和睡眠以及其他娱乐等活动。

9.3.2 自动驾驶硬件

汽车自动驾驶的硬件系统，可以粗略地分为感知（传感器）、决策（控制器）、控制（执行器）三部分（还有定位、地图、预测等模块）。自动驾驶使用的感知类的传感器，主要有激光雷达、毫米波雷达（分短程、中程、远程）、超声波雷达、摄像头（分单目、双目、多目）、组合导航等类型。汽车自动驾驶系统所应用的传感器部件类型及分布如图 9-17 所示。

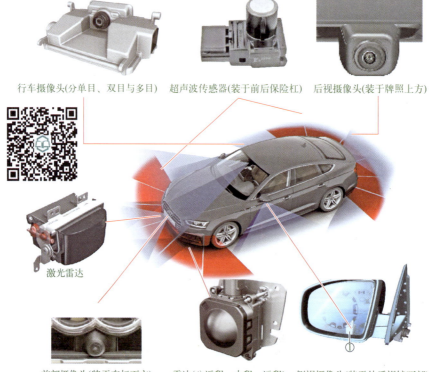

图 9-17 汽车驾驶辅助系统传感器部件

9.3.3 自动驾驶功能

现在的新能源汽车上搭载的自动驾驶系统多为介于 2.0～3.0 标准之间的 ADAS（高级驾驶辅助系统），可以说是处于驾驶辅助技术的高级阶段、自动驾驶技术的初级阶段这一过渡的衔接期。ADAS 系统主要的细分功能如表 9-5 所示。

表 9-5　ADAS（高级驾驶辅助系统）分类功能介绍

功能	自适应巡航系统 ACC （Adaptive Cruise Control）	前碰撞预警系统 FCW （Forward Collision Warning）	车道偏离警告 LDW （Lane Departure Warning）
描述	这是一项舒适性的辅助驾驶功能。如果车辆前方畅通，自适应巡航（ACC）将保持设定的最大巡航速度向前行驶。如果检测到前方有车辆，自适应巡航（ACC）将根据需要降低车速，与前车保持基于选定时间的距离，直到达到合适的巡航速度。自适应巡航也可称为主动巡航，类似于传统的定速巡航控制，该系统包括雷达传感器、数字信号处理器和控制模块	通过雷达系统来时刻监测前方车辆，判断本车与前车之间的距离、方位及相对速度，当存在潜在碰撞危险时对驾驶者进行警告。FCW 系统本身不会采取任何制动措施去避免碰撞或控制车辆	系统主要由摄像头、控制器以及传感器组成。当车道偏离预警系统开启时，摄像头（一般安置在车身侧面或后视镜位置）会时刻采集行驶车道的标识线，通过图像处理获得汽车在当前车道中的位置参数。当检测到汽车偏离车道时，传感器会及时收集车辆数据和驾驶员的操作状态，之后由控制器发出报警信号，如果驾驶者打开转向灯，正常进行变线行驶，那么车道偏离预警系统不会做出任何提示
图例			
功能	车道保持辅助系统 LKS （Lane Keeping System）	盲点监测系统 BSD （Blind Spot Detection）	驾驶员疲劳预警系统 DFM （Driver Fatigue Monitor System）
描述	属于智能驾驶辅助系统中的一种。它可以在车道偏离警告（LDW）的基础上对制动的控制协调装置进行控制。对车辆行驶时借助一个摄像头识别行驶车道的标识线将车辆保持在车道上提供支持。可检测本车在车道内的位置，并可自动调整转向，使本车保持在车道内行驶	主要功能是扫除后视镜盲区，依赖于车辆尾部两个雷达时刻监测车辆的侧后面和侧面状态，如果车辆位于该区域内，驾驶员将通过后视镜上盲点警告指示灯和组合仪表获得相关警告提示，避免在车道变换过程中由于后视镜盲区而发生事故	主要是通过摄像头获取的图像，通过视觉跟踪、目标检测、动作识别等技术对驾驶员的驾驶行为及生理状态进行检测，当驾驶员发生疲劳、分心、打电话、抽烟等危险情况时在系统设定时间内报警以避免事故发生。通过分析驾驶员的疲劳特征（如打哈欠、闭眼等），对疲劳行为及时发出疲劳驾驶预警
图例			

功能	自动停车系统 APA (Automatic Parking Assist)	自适应灯光控制 ALC (Adaptive Light Control)	全景停车停车辅助系统 SVC (Surround View Cameras)
描述	通过控制车辆的加减速度和转向角度自动停放车辆。该系统通过 AVM（环视）和 USS（超声波雷达）感知停车环境，使用 IMU 和车轮传感器估计车辆姿态（位置和行驶方向），并根据驾驶员的选择自动或手动设置目标停车位。然后系统进行自动停车轨迹计算，并通过精确的车辆定位与车辆控制系统使车辆沿定义的停车轨迹进行全自动停车，直至到达最终目标停车位	系统由四部分组成：传感器、ECU、车灯控制系统和前照灯。汽车车速传感器和方向盘转角传感器不断地把检测到的信号传递给 ECU，ECU 根据传感器检测到的信号进行处理，对处理完后的数据进行判断，输出前照灯转角指令，使前照灯转过相应的角度。AFS 自动控制前照灯实时进行上下、左右照明角度的调整，为驾驶员提供最佳道路照明效果	系统利用安装在车身前后左右的四个超广角鱼眼摄像头采集车辆四周的影像，经过图像处理器畸变还原→视角转化→图像拼接→图像增强，最终形成一幅车辆四周无缝隙的 360° 全景俯视图。在显示全景图的同时，也可以显示任何一方的单视图，并配合标尺线准确地定位障碍物的位置和距离
图例			

功能	行人检测系统 PDS (Pedestrian Detection System)	交通信号及标志牌识别 RSR (Road Sign Recognition)	智能车速控制 Intelligent Speed Adaptation (ISA)
描述	车辆行驶途中可以利用摄像头雷达和激光雷达来探测到四面行人，在安全距离内及时控速	让车辆能够自动识别交通信号或者标志牌，比如说最高限速，或者停车等标示	该系统能识别交通标识，并根据最高限速信息控制油门，确保驾驶者在法定限速内行驶，有效避免驾驶者在无意识情况下的超速行为
图例			

功能	自动紧急制动 AEB (Autonomous Emergency Braking)	汽车夜视系统 NVS (Night Vision System)	抬头显示器 HUD (Heads-Up Display)
描述	系统采用雷达测出与前车或者障碍物的距离，然后利用数据分析模块将测出的距离与警报距离、安全距离进行比较，小于警报距离时就进行警报提示，而小于安全距离时即使在驾驶员没有来得及踩制动踏板的情况下，AEB 系统也会启动，使汽车自动制动	汽车夜视系统利用红外线技术能将黑暗变得如同白昼，使驾驶员在黑夜里看得更远更清楚。夜视系统的结构有 2 部分组成：一部分是红外线摄像机，另一部分是挡风玻璃上的光显示系统	HUD 又被叫作平视显示系统，它的作用，就是把车速、发动机转速、导航的方向、距离及剩余里程等重要的行车信息，投影到驾驶员前面的风挡玻璃上，让驾驶员尽量做到不低头就能看到速度、导航等重要的驾驶信息
图例			

9.4　车载网络系统

9.4.1　混动车型网络总线

大众途锐混合动力车的不同的工作模式时，必须对不同车辆系统之间大量不同的车辆信息进行搜集、评估和交换，以进行调控。除了我们了解的驱动系统、舒适系统和信息娱乐系统 CAN 数据总线网络之外，途锐还使用了底盘 CAN、扩展 CAN、显示 CAN 以及混合动力 CAN。此外，还要处理来自 MOST 和 LIN 网络的信息。这些网络的公用接口就是数据总线诊断接口（网关）。总线网络组成如图 9-18 所示。总线说明见表 9-6。

图 9-18　数据总线网络组成

表 9-6　总线说明

总线名称	连接系统
CAN-驱动	发动机管理系统、变速箱管理系统、安全气囊系统等之间的通信
CAN-舒适	座椅记忆、牵引探测、防盗系统等之间的通信
CAN-底盘	ABS/ESP、避振器和车身高度调节、电子驻车、转向角传感器等之间的通信
CAN-扩展	空调压缩机、大灯照射范围控制、电子液压助力转向等之间的通信
CAN-显示	组合仪表、驻车辅助系统、空调控制等之间的通信
CAN-混合动力	发动机控制单元、芯轴作动器、电力电子设备、电机等之间的通信
MOST	收音机/导航系统、组合仪表、音响系统之间的通信
LIN	座椅占用识别系统、PTC 调节、鼓风机调节等之间的通信

以雷克萨斯 ES300H 混动车型为例，多路通信系统使用 4 种通信协议（CAN、LIN、AVC-LAN 和 MOST）以获得流线型线束配置，如表 9-7 所示。

表 9-7　雷克萨斯 ES300H 总线类型

协议	概要
控制器区域网络（CAN）	CAN 根据通信速度分为 2 种类型。高速 CAN（HS-CAN）用于传动系、底盘和车身电器系统，中速 CAN（MS-CAN）用于车身电器系统。 1 HS-CAN 部分为 CAN V 总线、CAN 分总线 11、CAN 分总线 13 和 CAN 分总线 15。动力管理控制 ECU 在总线之间传输数据。 1 MS-CAN 部分称为 CAN 分总线 1。主车身 ECU（多路网络车身 ECU）在总线间传输数据
局域互联网（LIN）	局域网使用 LIN，其中各车身电气系统有各自的 LIN 总线

协议	概要
音频/视频通信局域网（AVC-LAN）	AVC-LAN 仅用于音频视频系统零部件间的通信
媒体定向系统传输（MOST）	MOST 仅用于音频视频系统零部件间的通信

由于传动系、底盘、车身电气系统中引入了 CAN 通信系统，实现了流线型线束配置。由于 CAN、LIN、AVC-LAN 和 MOST 网络这些多路通信系统彼此之间不兼容而无法直接通信。CAN、LIN、AVC-LAN 和 MOST 是单独的网络。因此，某些 ECU 用作网关传送数据，从而使 CAN 和 LIN 网络间进行通信。

CAN、LIN、AVC-LAN 和 MOST 所使用的协议（即建立数据通信的规则）各不相同。如果网络中的各个 ECU 使用不同的数据架构，例如通信速度、通信线束或信号不同，则彼此之间就无法沟通。因此，必须在它们之间建立协议（规则）。

与 LIN 和 AVC-LAN 相比，CAN 具有高速数据传输的特点。因此，CAN 能够以比其他协议更快的速度传输更多数据。这一特点可使其在传动系和底盘控制系统中准确地传输数据。这些系统要求在短时间内传输大量数据。不同类型总线的性能的不同差异，见表 9-8。

表 9-8 不同总线性能比较

性能	CAN		LIN	AVC-LAN	MOST
	HS-CAN	MS-CAN			
通信速度	500kb/s[①]	250kb/s	9.6～20kb/s	最快 17.8kb/s	最快 50Mb/s
通信线束	双绞线		AV 单线	双绞线	屏蔽双绞线
驱动类型	差分电压驱动		单线电压驱动	差分电压驱动	差分电压驱动
数据长度/byte	1～8(可变)		2、4、8(可变)	0～32(可变)	0～128(可变)

① "b/s" 表示每秒可以传输的比特数。

控制器区域网络（CAN）使用 2 种类型的 CAN 总线：CAN V 总线、CAN 分总线 11、CAN 分总线 13 和 CAN 分总线 15 为以 500kb/s 工作的 HS-CAN 总线，CAN 分总线 1 为以 250kb/s 工作的 MS-CAN 总线。

各 CAN 总线有两个终端电阻器，这是对通信进行准确判断所必需的。各总线的终端电阻器位置如表 9-9 所示。

表 9-9 各总线终端电阻位置

通信速度	总线	终端电阻器位置
高速（HS-CAN）	CAN V 总线	ECM、组合仪表总成
	CAN 分总线 11	动力管理控制 ECU、CAN 5 号接线连接器
	CAN 分总线 13	行驶辅助 ECU 总成、毫米波雷达传感器总成
	CAN 分总线 15	ECM、动力管理控制 ECU
中速（MS-CAN）	CAN 分总线 1	主车身 ECU(多路网络车身 ECU)、CAN 2 号接线连接器

动力管理控制 ECU 具有网关功能，用于在 CAN V 总线和 CAN 分总线 11 之间传输数据。主车身 ECU（多路网络车身 ECU）具有网关功能，用于在 CAN V 总线和 CAN 分总线 1 之间传输数据。行驶辅助 ECU 具有网关功能，用于在 CAN 分总线 11 和 CAN 分总线 13 之间传输数据。CAN 总线通信示意图如图 9-19、图 9-20 所示。

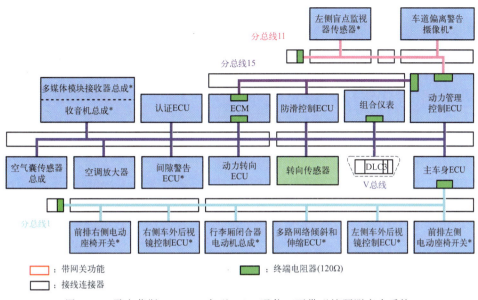

图 9-19　雷克萨斯 ES300H 车型 CAN 通信（不带碰撞预测安全系统）

＊表示其中包括选装 ECU。

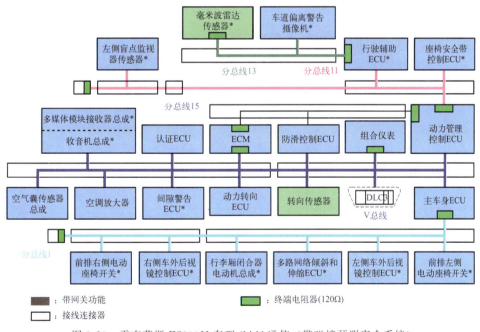

图 9-20　雷克萨斯 ES300H 车型 CAN 通信（带碰撞预测安全系统）

＊表示其中包括选装 ECU。

　　局域互联网（LIN）由各相关车身电气系统的总线组成，并用于 ECU 和开关之间的通信。通过 LIN 传输的信号可通过带网关功能的 LIN ECU（也连接至 CAN）发送至 CAN。LIN 用于电动车窗控制系统、智能上车和启动系统、空调系统和刮水器系统（带雨量感应功能的车型）。LIN 总线连接部件如图 9-21 所示。

　　MOST 用于实时传输控制信息、音频、视频和数据。其网络连接如图 9-22 所示。

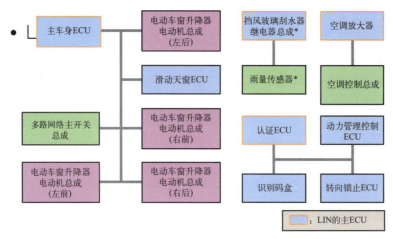

图 9-21　雷克萨斯 ES300H 车型 LIN 通信总线
＊表示其中包括选装 ECU。

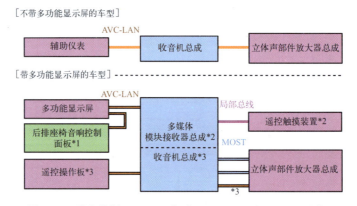

图 9-22　雷克萨斯 ES300H 车型 AVC-LAN 和 MOST 通信
＊1—其中包括选装 ECU；　＊2—带 HDD 导航系统的车型；　＊3—带 LEXUS 雷克萨斯屏显音响的车型

9.4.2　纯电动车型网络总线

宝马 i3 数据通信网络连接系统如图 9-23 所示。

宝马 i3 使用 K-CAN 总线有：K-CAN2、K-CAN3、K-CAN4。所有 K-CAN 总线的数据传输率均为 500kb/s。在 i3 上不使用数据传输率为 100kb/s 的 K-CAN。

宝马 i3 使用 PT-CAN 总线有：PT-CAN、PT-CAN2。用于 PT-CAN2 的网关位于数字式发动机电气电子系统 EDME 内。两个 PT-CAN 的数据传输率均为 500kb/s。

用于车辆诊断的 D-CAN 数据传输率为 500kb/s。使用 OBD2 接口通过 D-CAN 可进行车辆诊断。用于车辆编程的以太网访问接口同样位于 OBD2 接口内。

在 i3 上根据相应配置提供的局域 CAN 总线有：从选装配置系统 SAS 连至基于摄像机的驾驶员辅助系统 KAFAS 的局域 CAN，从充电接口模块 LIM 连至车辆充电接口的局域 CAN。局域 CAN 总线的数据传输率均为 500kb/s。

根据所需信息，LIN 总线使用不同数据传输率。在 i3 上 LIN 总线的数据传输率为 9.6kb/s 至 20.0kb/s。例如：车外后视镜，驾驶员车门开关组件为 9.6kb/s；左侧前部车灯

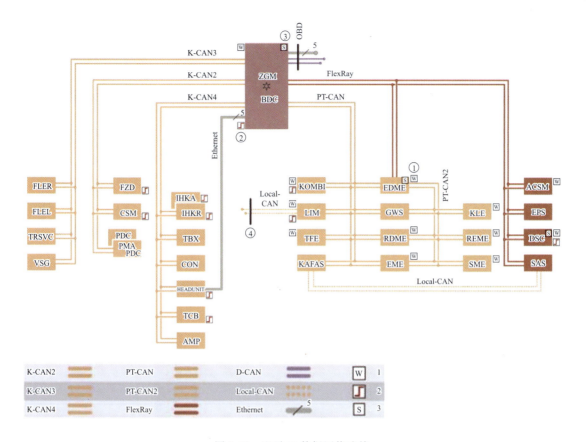

图 9-23　宝马 i3 数据网络连接

ACSM—碰撞和安全模块；AMP—放大器；BDC—车身域控制器；CON—控制器；CSM—汽车共享模块；
DSC—动态稳定控制系统；EDME—数字式发动机电气电子系统；EME—电机电子装置；EPS—电子助力转向系统；
FLER—右侧前部车灯电子装置；FLEL—左侧前部车灯电子装置；FZD—车顶功能中心；GWS—选挡开关；
HEADUNIT—主控单元；IHKA—自动恒温空调；IHKR—手动恒温空调；KAFAS—基于摄像机的驾驶员辅助系统；
KLE—便捷充电电子装置；KOMBI—组合仪表；LIM—充电接口模块；PDC—驻车距离监控系统；PMA—驻车操作
辅助系统；RDME—增程器数字式发动机电子系统；REME—增程电机电子装置；SAS—选装配置系统；SME—蓄能器管理
电子装置；TFE—燃油箱功能电子系统；TBX—触控盒；TCB—远程通信系统盒；TRSVC—顶部后方侧视摄像机；
VSG—车辆发声器；ZGM—中央网关模块；1—还与总线端 15WUP 连接的控制单元；2—有唤醒权限的控制单元；
3—用于 FlexRay 总线系统启动和同步的启动节点控制单元；4—车辆上的充电接口

电子装置，右侧前部车灯电子装置为 19.2kb/s；遥控信号接收器为 20.0kb/s。

　　车身域控制器针对相应输入端的不同数据传输率进行设计。车身域控制器 BDC 执行以下功能：网关、禁启动防盗锁、总线端控制、舒适登车系统、中控锁、车窗升降器、照明装置、刮水和清洗装置、扬声器。

　　中央网关模块 ZGM 集成在 BDC 内。在车载网络结构中，ZGM 以模块形式集成在 BDC 内。它可以说是控制单元内的控制单元，因为 BDC 内 ZGM 的工作方式就像是一个独立的控制单元。ZGM 的任务是将所有主总线系统彼此连接起来。通过这种连接方式可综合利用各总线系统提供的信息。ZGM 能够将不同协议和速度转换到其他总线系统上。通过 ZGM 可经过以太网将有关控制单元的编程数据传输到车辆上。

　　BDC 是 LIN 总线上以下组件的网关：右侧前部车灯电子装置、左侧前部车灯电子装置、主动风门控制、左侧车外后视镜、右侧车外后视镜、驾驶员车门开关组件、数字式发动机电气电子系统、智能型蓄电池传感器、风挡玻璃刮水器、晴雨传感器、自动防眩车内后视镜、车顶功能中心、遥控信号接收器、转向柱开关中心、车灯开关、智能型安全按钮、驾驶员侧座椅加热模块、前乘客侧座椅加热模块。

以下 LIN 组件连接到 BDC 上，但是仅形成环路：电气加热装置、电动制冷剂压缩机、自动恒温空调或手动恒温空调。宝马 LIN 总线连接部件如图 9-24 所示。

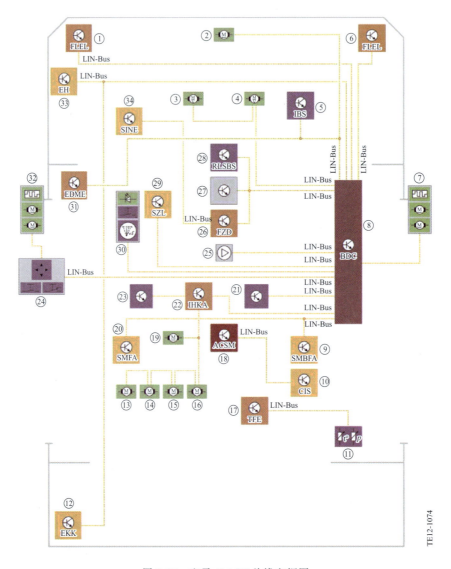

图 9-24　宝马 i3 LIN 总线方框图

1—左侧前部车灯电子装置；2—电风扇；3—前乘客侧刮水器电机；4—驾驶员侧刮水器电机；5—智能型蓄电池传感器；6—右侧前部车灯电子装置；7—右侧车外后视镜；8—车身域控制器；9—前乘客侧座椅模块；10—座椅占用识别垫；11—压力和温度传感器；12—电动制冷剂压缩机；13—脚部空间步进电机；14—空气混合风门步进电机；15—除霜步进电机；16—新鲜空气/循环空气风门步进电机；17—燃油箱功能电子系统；18—碰撞和安全模块；19—鼓风机电机；20—驾驶员侧座椅模块；21—智能型安全按钮；22—自动恒温空调/手动恒温空调；23—暖风和空调操作面板以及收音机操作面板；24—驾驶员车门开关组件；25—遥控信号接收器；26—车顶功能中心；27—自动防眩车内后视镜；28—晴雨/光照/水雾传感器；29—转向柱开关中心；30—车灯开关操作单元；31—数字式发动机电气电子系统；32—左侧车外后视镜；33—电气加热装置；34—带有倾斜报警传感器的报警器

宝马 i3 各控制模块安装位置如图 9-25 所示。

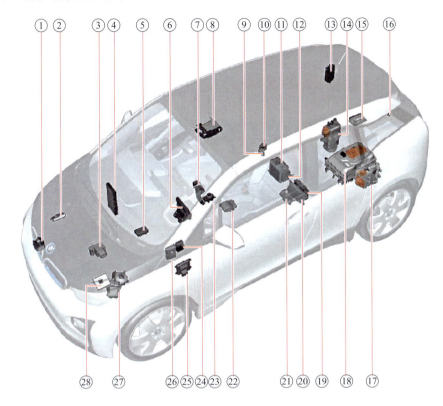

图 9-25　宝马 i3 控制模块安装位置

1—虚拟发声器 VSG；2—右侧前部车灯电子装置 FLER；3—动态稳定控制系统 DSC；4—车身域控制器 BDC；

5—自动恒温空调 IHKA 或手动恒温空调 IHKR；6—组合仪表 KOMBI；7—选挡开关 GWS；8—车顶功能中心 FZD；

9—触控盒 TBX；10—驻车操作辅助系统 PMA 或停车距离控制 PDC；11—主控单元 HEADUNIT；12—选装配置系统 SAS；

13—充电接口模块 LIM；14—增程电机电子装置 REME；15—增程器数字式发动机电子系统 RDME；16—顶部后方侧视

摄像机 TRSVC；17—便捷充电电子装置 KLE；18—电机电子装置 EME；19—放大器 AMP；20—远程通信系统盒 TCB；

21—蓄能器管理电子装置 SME；22—碰撞和安全模块 ACSM；23—控制器 CON；24—燃油箱功能电子系统 TFE；

25—数字式发动机电气电子系统 EDME；26—基于摄像机的驾驶员辅助系统 KAFAS；

27—电子助力转向系统 EPS；28—左侧前部车灯电子装置 FLEL

9.5　车身控制与行人保护系统

9.5.1　车身控制器（BCM）

车身控制器（Body Control Module，简称 BCM），又称为车身电脑，是指用于控制车身电器系统的电子控制单元（ECU）。车身控制器常见的功能包括控制电动车窗、电动后视镜、空调、大灯、转向灯、防盗锁止系统、中控锁、除霜装置等。车身控制器可以通过总线与其他车载 ECU 相连。

在大部分电动汽车上，BCM 为一个单独的模块，近来随着技术的革新，一些新型电动汽车平台开始采用左、右、后三个车身控制器分别控制车辆左侧、右侧及后部车身电器部件，这样简化了布线，同时也便于故障检修。如比亚迪宋 PLUS DM-i、秦 PLUS DM-i、元

PLUS、海豚等车型。

左车身控制器 FBCM 集成的控制功能：智能进入系统、仪表控制、主驾座椅通风加热、四门门锁、左侧灯光驱动、左侧车窗防夹电机、左侧门灯、左侧外后视镜、左侧车窗电机、扬声器、倒车雷达、前后雨刮、转向管柱调节、左侧儿童锁、左口盖解闭锁、主驾座椅调节、左充电口照明灯、充电枪电锁、左转向告警灯、左右充电口指示灯、左右外后视镜折叠与展开、胎压系统。安装位置如图 9-26 所示。

图 9-26　左车身域控制器（宋 PLUS DM-i）

右车身控制器 RBCM 集成的控制功能：网关、空调、副驾座椅通风加热、自动防炫内后视镜、洗涤、右侧车窗防夹电机、右侧车窗电机、右侧门灯、室内灯、右侧外后视镜、右侧灯光驱动、右侧口盖解闭锁、氛围灯、右转向告警灯、天窗电机、遮阳帘电机、氛围灯、右侧充电口照明灯。安装位置如图 9-27 所示。

图 9-27　右车身域控制器（宋 PLUS DM-i）

后车身控制器 BBCM 集成的控制功能：EPB（电子驻车制动）、后背门控制器。安装位置如图 9-28 所示。

图 9-28　后车身域控制器（宋 PLUS DM-i）

9.5.2　电动汽车声学式行人保护

发动机的声音是道路交通的一个固定参数，而电动汽车在车速 25km/h 以下几乎没有噪声。自从引入电动汽车以来，"在公共道路交通中注意到这种车辆"这一话题已引发了一些公开讨论。这种新的出行方式虽然降低了噪声水平，但也带来了风险，并对其他道路使用者形成了危险。由于听觉范围涵盖周围 360°，因此规定的车辆声音输出是道路交通的一项重要组成内容。最终各国也进行了相关研究并针对"安静汽车"制定了相应规定。宝马 i3 安装的声学式行人保护装置如图 9-29 所示，该装置在车辆行驶时产生警告噪声。

　　车辆发声器位于右前车轮罩区域内。控制单元已集成在车辆发声器壳体内并通过 CAN 连接接入车辆车载电网，在车辆底部带有发声孔，如图 9-30 所示。

图 9-29　车辆发声器 VSG

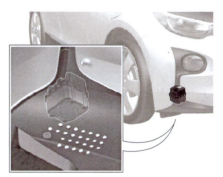

图 9-30　车辆发声器 VSG 安装位置

常见新能源汽车英文术语缩写释义

英文缩写	英文全称	中文释义	备注
A			
ABS	Antilock Brake System	防抱死制动系统	
ACC	Adaptive Cruise Control	自适应巡航控制系统	
AC/DC	Alternating Current/Direct Current	交流/直流转换	
ACP	Air Compressor Processer	空调压缩机	小鹏
ADAS	Advanced Driving Assistance System	高级驾驶辅助系统	
AEB	Autonomous Emergency Braking	自动紧急制动	
AFL	Adaptive Front Lights	智能大灯控制	
AGM	Absorbent Glass Mat	玻璃纤维吸附(蓄电池)	
AI	Artificial Intelligence	人工智能	
ALT	Alternator	交流发电机	
ANT	Antenna	天线	
APM	Auxiliary Power Module	辅助电源模块	通用
ATC	Automatic Temperature Control	自动温度控制	
ATCU	Automatic-Transmission Control Unit	自动变速器控制单元	
ATF	Automatic Transmission Fluid	自动变速器液	
B			
BAS	Belt Alternator Starter	驱动带-发电机-起动机	通用
BCM	Body Control Module	车身控制模块	
BCM	Battery Control Module	电池监控模块	本田
BCU	Battery Charger Unit	电池充电单元	宝马
BCS	Body Control System	车身控制系统	
BEV	Battery Electric Vehicle	蓄电池电动车,纯电动汽车	
BIC	Battery Information Collector	电池信息采集器	
BLDC	Brushless Direct Current Motor	无刷直流电机	
BMS	Battery Management System	电池管理系统	
BMU	Battery Management Unit	电池管理单元	

英文缩写	英文全称	中文释义	备注
BSG	Belt Driven Starter Generator	带驱动起动机-发电机	
BSM	Blind Spot Monitoring	盲区监测	
C			
CAN	Controller Area Network	控制区域网络	
CCU	Coupling Control Unit	耦合控制单元	
CCU	Circuit Control Unit	环境控制单元	小鹏
CDL	Central Door Lock	中控门锁	
CHEV	Combined Hybrid-Electric Vehicle	混联式混合动力汽车	
CNG	Compressed Natural Gas	压缩天然气	
CSC	Cell Supervision Circuit	电池监控电子装置	宝马
CTB	Cell To Body	电池车身一体化技术	
CTC	Cell to Chassis	电池底盘一体化技术	
CTP	Cell to PACK	电芯直接打包技术	
CYL	Cylinder	气缸	
D			
DC	Direct Current	直流电	
DCU	Diagnostic control unit	诊断控制单元	
DC-DC	Direct Current/Direct Current	直流变换器	
DHT	Dedicated Hybrid Transmission	专用混合动力变速箱	
DLC	Diagnostic Link Connector	诊断接口	
DM	Dual Mode	双模(燃油发动机加电动机)	比亚迪
DME	Digitale Motor Elektronik	数字电动机电子装置	宝马
DMS	Driver Monitoring Systems	驾驶员监测系统	
DOHC	Double Overhead Camshaft	双顶置凸轮轴(发动机)	
DSC	Dynamic Stability Control	动态稳定控制	
DSP	Digital Signal Processor	数字信号处理器	
E			
EAC	Electric Air Conditioning Compressor	电动空调压缩机	宝马
EAT	Electronic Automatic Transmission	电子自动变速器	
EBD	Electronic Brake force Distribution	电子控制动力分配	
eBKV	Elektromechanische Bremskraftverstärker	电控机械式制动助力器	博世, 德文
eBOOST		电机助力	
ECM	Engine Control Module	发动机控制模块	
ECO	Economy	节能经济模式	
ECT	Engine Coolant Temperature	发动机冷却液温度	
ECU	Electronic Control Unit	电子控制单元	
eCVT	Electric Continuously Variable Transmission	电动无级变速器	
EDS	Electronic Differential System	电子差速器系统	
EFB	Enhanced Flooded Battery	增强型富液式蓄电池	

续表

英文缩写	英文全称	中文释义	备注
EH	Electric Heater	电加热装置	宝马
EHS	Electric Hybrid System	电混系统	比亚迪
EKK	Elektrischer Kältekompressor	电动制冷压缩机	宝马,德文
ELR	Emergency Lock Retractor	紧急锁止收缩卷收器	
EM	E-Masch,E-Maschine	电机	宝马,德文
EME	Elektromaschinen-Elektronik	电机电子装置	宝马
EMF	Elektromechanische Feststellbremse	电动机械式驻车制动器	宝马,德文
EPB	Electronic Parking Brake	电子驻车制动	
EPFC	Electric Power Frequency Converter	电力变频转换器	路虎
EPS	Electric Power Steering	电动助力转向	
ESCM	Energy Storage Control Module	能量存储控制模块	通用
ESB	Electric Servo Brake	电动伺服制动	本田
ETC	Electronic Temperature Control	电子温度控制单元	
EVP	Electronic Vacuum Pump	电子真空泵	
EXV	Electric Expansion Valve	电动调节式膨胀阀	
e-tron		电动汽车	奥迪
F			
FCBEV	Fuel Cell Battery Electric Vehicle	燃料电池蓄电池电动车	
FCEV	Fuel Cell Electric Vehicle	燃料电池电动汽车	
FCV	Fuel Cell Vehicle	燃料电池汽车	
FCW	Forward Collision Warning	前方碰撞预警系统	
FM	Frequency Modulation	调频(收音机)	
FSD	Full Self-Drive	完全自动驾驶	特斯拉
G			
GBPDCM	Generator Battery Pack Disconnected Control Module	混合动力电池组分离控制模块	通用
GIU	Gearbox Interface Unit	变速器接口单元	
GMC	GAC Electromechanical Coupler	机电耦合系统	广汽
GND	Ground	接地、搭铁	
GPS	Global Positioning System	全球定位系统	
GW	Gateway	网关	
g-tron		天然气汽车	奥迪
H			
HCU	Hybrid Control Unit	混动控制单元	
HEV	Hybrid Electric Vehicle	混合动力电动车	油电混动
HS	High Speed	高速	
HSD	Hybrid Synergy Drive	混合动力系统	丰田
HUD	Head-up Display	平视显示系统	
HV	Hybrid Vehicle	混合动力汽车	
HV	High Voltage	高(电)压	

英文缩写	英文全称	中文释义	备注
HVAC	Heating，Ventilation，Air-conditioning	通风和空调	
HVB	High Voltage Battery	动力电池	路虎
HVSU	High Voltage Supervising Unit	高压监控模块	比亚迪
h-tron		氢燃料电池汽车	奥迪
I			
ICE	In-car Entertainment system	车载娱乐系统	
ICE	Internal Combustion Engine	内燃机	
ICV	Intelligent Connected Vehicle	智能网联汽车	
I/P	Instrument Panel	仪表板	
IGBT	Insulated Gate Bipolar Transistor	绝缘栅双极型晶体管	
IGN	Ignition	点火	
ILL/ILLUM	Illumination	照明	
IMA	Integrated Motor Assist	集成电机辅助	本田
IMMD	Intelligent Multi-mode Drive	智能多模驱动	本田
IMMO	Immobilizer	防盗	
IPK	Instrument Pack	组合仪表	
IPU	Intelligent Power Unit	智能动力单元	本田
ISA	Intelligent Speed Adaptation	智能车速控制	
ISG	Integrated Starter Generator	集成式启动机-发电机	
ISO	International Standards Organization	国际标准化组织	
J			
JB	Junction Box	接线盒	宝马
K			
KAFAS	Kamerabasierte Fahrerassistenzsysteme	基于摄像机的驾驶员辅助系统	宝马，德文
KLE	Komfort Lade Elektronik	便捷充电电子装置	宝马，德文
L			
LBC	Local Bus Control	本地总线控制	
LCC	Lane Centering Control	车道居中辅助	小鹏
LCD	Liquid Crystal Display	液晶显示屏	
LDW	Lane Departure Warning	车道偏离警告	
LED	Light Emitting Diode	发光二极管	
LF/FL	Left Front	左前	
LFP	LiFePO$_4$ Battery	磷酸铁锂电池	
LH	Left-Hand	左(手)侧	
LIN	Local Interconnect Network	本地连接网络	
LKA	Lane-Keeping Assist	车道保持辅助	
LPG	Liquefied Petroleum Gas	液化石油气	
LSM	Lichtsteuerungsmodul	灯光控制模块	宝马，德文
M			
MCM	Motor Control Module	电机控制模块	本田

续表

英文缩写	英文全称	中文释义	备注
MCU	Motor Control Unit	电机控制单元	
MCV	Master Cylinder Shut-off Valve	总泵切断阀	本田
MDM	Motor Drive Module	电机驱动模块	本田
MEB	Modularer E-Antriebs-Baukasten	电动模块化平台	大众·德语
MG	Motor-Generator	电动-发电机	
MGU	Motor Generator Unit	起动机/发电机总成	通用
MHEV	Mild Hybrid Electric Vehicle	轻度混合动力汽车	
MIB	Management Information Base	娱乐信息系统	大众
MIC	Microphone	麦克风	
MIL	Malfunction Indicator Lamp	故障指示灯	
MKE	Müdigkeitserkennungssystem	疲劳识别系统	大众·德语
MLB	Modularer Längsbaukasten	纵向发动机标准化平台	奥迪·德语
MLP	Modular Longitudinal Platform	纵置模块化平台	大众-奥迪
MOSFET	Metal-Oxide-Semiconductor Field-Effect Transistor	金属-氧化物半导体场效应晶体管	
MOST	Medienorientierter Systemtransportbus	面向媒体的系统传输总线	大众·德语
MQB	Modular Querbaukasten	横置发动机模块化平台	大众·奥迪
MTP	Module to Pack	模块化封装技术	
N			
NCA	Nickel Cobalt Aluminum	镍钴铝三元锂电池	
NCM	Nickel Cobalt Manganese	镍钴锰三元锂电池	
NEDC	New European Driving Cycle	新欧洲驾驶循环	
NFC	Near Field Communication	近场通信	
NHTSA	National Highway Traffic Safety Administration	美国高速公路安全管理局	
NiMH	NiMH battery	镍氢电池	
NTC	Negative Temperature Coefficient	负温度系数	
NVS	Night Vision System	(汽车)夜视系统	
O			
OAT	Organic Acid Technology	有机酸技术	
OBC	On Board Charger	车载充电器	
OBCM	On Board Chargermodule	车载充电模块	通用
OCP	Overcurrent Protection	过流保护	
OCS	Occupant Classification System	乘员分类系统	
OPC	Low Pressure Oil Pump Controller	低压油泵控制器	
OVP	Overcharge Protection	过充保护	
OTA	Over-the-Air	空中下载,空中传送	
OTP	Over Temperature Protection	过温保护	
P			
PA	Parking Assistance	驻车辅助	
PBW	Pedestrian and Bicycle Warning	行人及自行车警告	

英文缩写	英文全称	中文释义	备注
PCB	Printed Circuit Board	印刷电路板	
PCU	Power Control Unit	动力控制单元	本田
PDC	Parking Distance Control	停车距离控制	倒车辅助
PDS	Pedestrian Detection System	行人检测系统	
PDU	Power Distribution Unit	电源分配单元	配电箱
PEB	Power Electronic Box	电力电子箱	
PEMFC	Proton Exchange Membrane Fuel Cell	质子交换膜燃料电池	
PEPS	Passive Entry Passive Start	无钥匙进入及启动系统	
PFSV	Pedal Force Simulator Valve	踏板力模拟器阀	
PHEV	Plug-in Hybrid Electric Vehicle	插电式混合动力电动车	插电混动
PHEV	Parallel Hybrid Electric Vehicle	并联式混合动力汽车	
PHV	Plug-in Hybrid Vehicle	插入式混合动力汽车	丰田
PLA	Parklenkassistent	自动停车辅助系统	
PMSM	Permanent Magnet Synchronous Motor	永磁同步电机	
PMU	Power Management Unit	电源管理单元	
PS	Power Split	动力分流	
PTC	Positive Temperature Coefficient	正温度系数	高压加热装置
PWM	Pulse Width Modulation	脉冲宽度调节	
R			
RADAR	RAdio Detection And Ranging	利用电磁波探测和定位目标	雷达
REC	Recirc	车内循环	空调
RF	Radio Frequency	无线电频率	
RFK	Rückfahrkamera	倒车摄像机	宝马，德文
RF/FR	Right Front	右前	
RH	Right Hand	右（手）侧	
RL/LR	Left Rear	左后	
RSR	Road Sign Recognition	交通信号及标志牌识别	
REBEV	Range Extender Battery Electric Vehicle	增程器蓄电池电动车	
S			
SAE	Society of Automotive Engineers	车辆工程师协会	美国
SAS	Semi-Active Suspension	半主动悬架	
SCU	Shifter Control Unit	换挡器控制单元	
SEV	Solar Electric Vehicle	太阳能电动汽车	
SGCM	Starter/Generator Control Module	起动机/发电机控制模块	通用
SHEV	Series Hybrid Electric Vehicle	串联式混合动力汽车	
SME	Speicher Management Elektronik	电池电子管理系统	宝马，德语
SOC	State of Charge	电量状态	电池电量显示
SOE	State of Energy	电池剩余能量	
SOH	State of Health	健康状态	电池寿命显示

续表

英文缩写	英文全称	中文释义	备注
SP	Speed	速度	
SPK	Speaker	扬声器	
SRS	Supplementary Restraint System	辅助约束系统	安全气囊
SVC	Surround View Cameras	全景停车停车辅助系统	
SW	Switch	开关	
T			
TCU	Transmission Control Unit	变速器控制单元	
TCU	Telematics Control Unit	远程信息控制单元	GPS 监控
TDI	Turbo Direct Injection	涡轮增压直接喷射（柴油机）	奥迪
TEMP	Temperature	温度	
T-BOX	Telematics-BOX	通信模块	
TFSI	Turbocharger Fuel Stratified Injection	带涡轮增压的燃油分层喷射	奥迪
THC	Temperature Heat Controller	温度控制器	
THS	Toyota Hybrid System	丰田混合动力系统	丰田
TNGA	Toyota New Global Architecture	丰田新全球架构	丰田
TPIM	Traction Power Inverter Module	动力功率逆变器模块	通用
TPMS	Tire Pressure Monitoring System	胎压监测系统	
TSI	Twincharged(Turbocharger＋Supercharger) Stratified Injection	双增压（涡轮增压器＋机械增压器）分层缸内燃油直喷技术	大众
TXV	Thermal Expansion Valve	热力膨胀阀	
U			
UPA	Ultrasonic Parking Assistant	超声波驻车辅助	
UVP	Under Voltage Protection	过放保护	
V			
VCU	Vehicle Control Unit	整车控制器	
VICS	Vehicle Information Communication System	车辆信息通信系统	
VIN	Vehicle Identification Number	车辆识别代号	
VSA	Vehicle Stability Assist	车辆稳定辅助系统	本田
VSC	Vehicle Surveillance Controller	车辆监控控制器	路虎
VSG	Virtual Sound Generator	虚拟发声器	宝马
VTOG	Vehicle to Grid	车辆对电网放电	比亚迪
VTOL	Vehicle to Load	车辆对外部负载放电	
VTOV	Vehicle to Vehicle	车辆对车辆放电	
W			
Wi-Fi	Wireless Fidelity	无线网络	
WLAN	Wireless Local Area Network	无线局域网	
WLTP	World Light Vehicle Test Procedure	世界轻型汽车测试规程	